As Ideias dos Egípcios sobre a Vida Futura

E. A. Wallis Budge

As Ideias dos Egípcios sobre a Vida Futura

Tradução:
Vera Maria de Carvalho

Traduzido originalmente do inglês sob o título *Egyptian Ideas of the Future Life*
© 2022, Madras Editora Ltda.

Editor:
Wagner Veneziani Costa (*in memoriam*)

Produção e Capa:
Equipe Técnica Madras

Tradução:
Vera Maria de Carvalho

Revisão:
Vera Lucia Quintanilha
Ana Maria Balboni Palma
Wilson Rijoji

Dados Internacionais de Catalogação na Publicação (CIP)
(Câmara Brasileira do Livro, SP, Brasil)

Budge, E. A. Wallis, 1857-1934
As ideias dos egípcios sobre a vida futura / E. A. Wallis Budge; tradução Vera Maria de Carvalho. --
2. ed. -- São Paulo, SP : Madras Editora, 2022.
Título original: Egyptian ideas of the future life

ISBN 978-65-5620-049-1

1. Egito - Religião 2. Vida futura I. Título.

Índices para catálogo sistemático:
1. Vida futura : Idéias dos egípcios : Religião
22-120325   299.31
Eliete Marques da Silva - Bibliotecária - CRB-8/9380

Os direitos de tradução desta obra pertencem à Madras Editora assim como adaptação e a coordenação da obra. Fica, portanto, proibida a reprodução total ou parcial desta obra, de qualquer forma ou por qualquer meio eletrônico, mecânico, inclusive por meio de processos xerográficos, incluindo ainda o uso da internet, sem a permissão expressa da Madras Editora, na pessoa de seu editor (Lei nº 9.610, de 19.2.98).

Todos os direitos desta edição, reservados pela

MADRAS EDITORA LTDA.
Rua Paulo Gonçalves, 88 – Santana
02403-020 – São Paulo – SP
Tel.: (11) 2281-5555 – (11) 98128-7754
www.madras.com.br

Índice

Prefácio 8

Capítulo I
A Crença no Deus Onipotente 12

Capítulo II
Osíris – O Deus da Ressurreição 44

Capítulo III
Os "Deuses" dos Egípcios 80

Capítulo IV
O Julgamento dos Mortos 102

Capítulo V
A Ressurreição e a Imortalidade 137

LISTA DE ILUSTRAÇÕES

Ilustração 1 – A ressurreição de Osíris 11
Ilustração 2 – Osíris-Nepra, com o trigo crescendo
em seu corpo 23
Ilustração 3 – Ísis derramando uma libação em honra
da alma de Osíris 24
Ilustração 4 – A Criação 31
Ilustração 5 – Osíris sentado em seu trono ao lado,
ou sobre, de um lago 32
Ilustração 6 – Osíris na personalidade de Menu e Harpo
krates, como eles se sentaram no disco da lua. 39
Ilustração 7 – Osíris em pé entre Ísis e Néftis 40
Ilustração 8 – Osíris levantando-se de seu ataúde
sob o comando de Hórus 51
Ilustração 9 – Erguendo o Tet 52
Ilustração 10 – O rei entregando o Tet para Ísis ... 54
Ilustração 11 – O Tet de Osíris 55
Ilustração 12 – O Tet, do qual procede a "Vida" ... 57
Ilustração 13 – Ísis amamentando Hórus no pântano 59
Ilustração 14 – Osíris Hemka criando um filho por Ísis 60
Ilustração 15 – Osíris em seu ataúde sob o qual há vasos
contendo seus intestinos 60
Ilustração 16 – A alma de Rá encontrando a alma de Osíris
em Tattu 64
Ilustração 17 – Hórus e seus quatro filhos em pé diante de
Osíris e Serapis 65
Ilustração 18 – Osíris em seu túmulo fechado, acompanhado
por Ísis e seus quatro netos 70
Ilustração 19 – Thoth e Hórus prendendo juntos os
tronos de Osíris, Ísis e Néftis 71
Ilustração 20 – Osíris sendo abraçado por Ísis e Néftis 88
Ilustração 21 – Ísis e Néftis lastimando a morte de Osíris ... 89
Ilustração 22 – Thoth, o defensor de Osíris 90

Ilustração 23 – Thoth, o defensor de Osíris, escrevendo em sua paleta. 90
Ilustração 24 – A pesagem do coração do escriba Ani na balança na presença dos deuses 122
Ilustração 25 – O perverso lançado em uma cova de fogo . 124
Ilustração 26 – O finado Ani sendo levado à presença de Osíris 130

LISTA DE ILUSTRAÇÕES

Ilustração 27 – Osíris sentado em julgamento no topo de um lance de nove degraus 131
Ilustração 28 – Os Campos Elíseos dos egípcios de acordo com o Papiro de Nebseni 149
Ilustração 29 – As "cópias" de Ani e sua esposa bebendo água no Outro Mundo 150
Ilustração 30 – Ísis dando pão e água para a Alma do Coração 150
Ilustração 31 – Os Campos Elíseos dos egípcios de acordo com o Papiro de Ani 155
Ilustração 32 – Osíris sentado em seu santuário em Abidos 155
Ilustração 33 – Os Campos Elíseos de acordo com o Papiro de Anhai 160
Ilustração 34 – O finado saindo para o Outro Mundo 161
Ilustração 35 – O finado construindo ele mesmo uma casa no Outro Mundo 161
Ilustração 36 – A pesagem do coração na presença de Rá .. 161

Prefácio

As páginas que seguem têm o intuito de mostrar ao leitor, de forma acessível, uma explicação das principais ideias e crenças sustentadas pelos egípcios antigos, no que concerne à ressurreição e à vida futura, que é tirada exclusivamente dos trabalhos religiosos nativos. A literatura do Egito, que trata desses assuntos, é ampla e, como era de se esperar, produto de diferentes períodos que, tomados em conjunto, abrangem vários milhares de anos; e é extremamente difícil às vezes conciliar os preceitos e as crenças de um escritor de períodos diferentes. Até o presente, nenhum relato sistemático sobre a doutrina da ressurreição e da vida futura foi descoberto, e não há razão para esperar que tal coisa seja em algum momento encontrada, pois os egípcios não pareciam considerar necessário escrever um trabalho do gênero. A dificuldade inerente ao tema, e a impossibilidade natural de que diferentes homens, vivendo em diversos lugares e tempos, devessem pensar de maneira semelhante em assuntos que precisam, afinal de contas, pertencer sempre ao campo da fé, mostra que é mais que provável que nenhuma congregação de religiosos, embora poderosa, fosse capaz de formular um sistema de crenças que iria ser recebido por todo Egito, pelo clero e laicidade semelhantemente, e seria copiado pelos escribas como um trabalho final e autorizado na escatologia egípcia. Além disso, o espírito e a estrutura da língua egípcia estão em tal estado que excluem a possibilidade de compor trabalhos de caráter filosófico ou metafísico no sentido real dessas palavras. A despeito dessas dificuldades, contudo, é possível coletar uma grande porção de informação importante sobre o tema a partir dos trabalhos fúnebres e religiosos que chegaram até nós, especialmente no que concerne à grande ideia central de imortalidade que permaneceu inalterada por milhares de anos, e formou o eixo sobre o qual a vida religiosa e social dos egípcios antigos realmente girou. Do início ao fim de sua vida, o principal pensamento do egípcio era sobre a vida além-túmulo, e a escultura na pedra em sua sepultura, e as providências de sua mobília, todo detalhe daquilo que era recomendado pelo costume da região, ocupava a melhor parte dos seus pensamentos e uma grande porção de seus bens mundanos, e o manteve sempre atento ao momento em que seu corpo mumificado seria transportado para sua "eterna morada" no platô calcário ou *bill*.

A principal fonte de nossa informação no que concerne à doutrina da ressurreição e da vida futura como sustentada pelos egípcios é, certamente, a grande coleção de textos religiosos geralmente conhecidos pelo nome de *Livro dos Mortos**. Os variados registros dessas maravilhosas composições cobrem um período de mais de cinco mil anos e refletem fielmente não apenas as crenças sublimes, os altos ideais e as nobres aspirações dos egípcios instruídos, mas também as variadas superstições e reverências infantis aos amuletos, ritos mágicos e encantamentos, que eles provavelmente herdaram de ancestrais prédinásticos, e consideraram como essenciais para sua salvação. Deve ser indubitavelmente entendido que muitas passagens e

---

*N. do T.: Lançado no Brasil pela Madras Editora como *Livro dos Mortos do Antigo Egito*, 2003.

alusões do *Livro dos Mortos* ainda permanecem obscuras, e que em alguns trechos qualquer tradutor terá dificuldade na tentativa de expressar algumas palavras importantes para uma língua europeia moderna. Mas é absurdo falar de quase todo o texto do *Livro dos Mortos* como sendo absolutamente corrompido, por personalidades reais, sacerdotes e escribas, para não falar do povo instruído comum, o que não teria originado árduas cópias de um trabalho muito longo para ser multiplicado e ilustrado por artistas possuidores da mais alta habilidade, a menos que tivesse algum significado para eles, e foi necessário para a obtenção da vida que está além- túmulo. As descobertas recentes no Egito resultaram em uma recuperação de textos valiosos por meio dos quais numerosas dificuldades têm sido esclarecidas; e nós precisamos esperar que os erros cometidos, hoje nas traduções, possam ser corrigidos pelas descobertas de amanhã. A despeito de todas as dificuldades, tanto textuais como gramaticais, agora é conhecido o suficiente da religião egípcia para provar, com certeza, que os egípcios possuíram, há uns seis milhões de anos, uma religião e um sistema de moralidade que, quando desnudados de todas as asserções erradas, não deixam a desejar àqueles que foram desenvolvidos pelas maiores nações do mundo.

E. A. WALLIS BUDGE

Ilustração 1 - A Ressureição de Osíris.

Capítulo I

A Crença no Deus Onipotente

Um estudo dos antigos textos religiosos irá convencer o leitor de que os egípcios acreditavam em um Único Deus, que era autoexistente, imortal, invisível, eterno, onisciente, onipotente e inescrutável; o criador do céu, da Terra e do outro mundo, do céu e do mar, dos homens e das mulheres, dos animais e dos pássaros, dos peixes e dos répteis, das árvores e das plantas, e dos seres não corpóreos, que eram os mensageiros que realizavam seu desejo e sua palavra. É necessário colocar essa definição da primeira parte da crença dos egípcios no início do primeiro capítulo desta breve explicação das principais ideias religiosas que eles sustentaram, pois a totalidade de sua teologia e de sua religião estava baseada nessa crença. É necessário acrescentar também que, embora no passado tenhamos seguido sua literatura, nunca daremos a impressão de abordar um tempo em que eles estavam sem essa crença notável. É verdade que os egípcios também desenvolveram ideias e crenças politeístas, cultivadas em alguns períodos de sua história com diligência, em tal grau que as nações ao redor, mesmo o estrangeiro que estava em seu país, foram induzidas ao erro por suas atitudes, pois descreveram-nos como politeístas idólatras. Mas a despeito de todos esses desvios dos costumes, sua manutenção serviu àqueles que acreditavam em Deus e em sua unidade, essa ideia sublime nunca foi abandonada; ao contrário, ela é reproduzida na literatura religiosa de todos os períodos. De onde veio essa característica notável da religião egípcia ninguém sabe dizer, e não existem quaisquer evidências que nos guiem para formular a teoria de que isso foi trazido para o Egito por imigrantes do Oriente, como alguns disseram, ou que isso era um produto natural dos povos nativos que formavam a população do vale do Nilo há dez mil anos, de acordo com a opinião de outros. Tudo o que é sabido é que ela (a característica) existiu naquela região em um período tão remoto que é inútil tentar medir em anos o intervalo de tempo que transcorreu desde que ele se difundiu e se estabeleceu nas mentes dos homens, e que é extremamente duvidoso se nós alguma vez tivemos algum conhecimento de fato definitivo quanto a essa interessante questão.

Mas, embora não saibamos nada sobre o período da origem da crença na existência de um Deus onipotente no Egito, que era Único, as inscrições mostram que esse Ser foi chamado por um nome que era algo como *Neter*[1], cujo símbolo imaginário foi uma cabeça de machado, feita provavelmente de pedra, ligada a um cabo comprido de madeira. O caráter da imagem colorida mostra que a cabeça de machado foi fixada no cabo por tiras de couro ou corda, e julgando pela aparência geral do objeto, ele deve ter sido uma formidável arma em mãos fortes e qualificadas. Uma teoria foi recentemente apresentada com referência a isso, de que a imagem é representada por um bastão com um bocado de trapos coloridos amarrados ao topo, mas isso dificilmente será confiado a qualquer arqueólogo. As

---

1. Não existe *e* em egípcio, e essa vogal é acrescentada apenas para tornar a palavra pronunciável.

linhas que atravessam o lado da cabeça de machado representam cordas ou tiras de couro, e indicam que ela foi feita de pedra, que, sendo frágil, era propensa a quebrar; as características da imagem que delineiam o objeto, nas dinastias mais recentes, mostram que o metal pegou o lugar da cabeça de machado de pedra e, sendo o novo material duro, não necessitava de suporte. O homem mais poderoso nos dias pré-históricos era aquele que tinha a melhor arma e sabia como manejá-la com o maior efeito; quando o herói pré-histórico de muitas lutas e vitórias morria, sua própria arma ou uma similar era sepultada com ele para permitir que travasse uma guerra bem-sucedida no próximo mundo. O homem mais poderoso tinha o maior machado; por conseguinte, o machado tornou-se o símbolo do homem mais poderoso. Como ele, em razão da narrativa sempre contando as suas corajosas façanhas deflagradas no campo pré-histórico no entardecer, no curso do tempo passado, desde a condição de herói àquela de Deus, da mesma maneira o machado passou de símbolo um herói ao pertencente a um deus. Em um passado distante, nos primeiros tempos do aparecimento da civilização no Egito, o objeto que eu identifico com um machado pode ter tido algum outro significado; mas, se teve, foi perdido muito antes do período do domínio das dinastias naquele país.

 Passando agora à consideração sobre o significado do nome de Deus, *neter*, achamos que existe grande diversidade de opiniões entre os egiptólogos sobre o assunto. Alguns, tomando a visão de que o equivalente da palavra existe em cóptico, sob a forma de *Nuti*, e porque cóptico é um antigo dialeto egípcio, procuraram deduzir seu significado buscando naquela língua a raiz da qual a palavra pode ter derivado. Mas todos esses esforços não tiveram bons resultados, porque a palavra *Nuti* mantém-se por si mesma, em vez de ser derivada de uma raiz copta, que é por si própria o equivalente do egípcio *neter*[2], que

---

2. O uso da letra *r* caiu em cóptico por causa do abandono fonético.

foi tomada pelos tradutores das Sagradas Escrituras daquela língua para expressar as palavras "Deus" e "Senhor". A raiz copta *nomti* não pode de modo algum ser associada à *nuti*, e o esforço para provar que as duas estão relacionadas foi feito apenas com a intenção de ajudar a explicar os fundamentos da religião egípcia por meio do sânscrito e outras analogias arianas. É bem possível que a palavra *neter* signifique "força", "poder", etc., mas esses são apenas alguns de seus significados derivados, e nós temos que olhar nas inscrições hieroglíficas para ajudar a determinar seu mais provável significado. O eminente egiptólogo francês, E. de Rougé, associou o nome de Deus, *neter*, com a outra palavra *neter*, "renovamento" ou "renovação", que, de acordo com sua visão, pareceria como se a ideia fundamental de Deus fosse aquela de Ser, que tinha o poder de renovar a si próprio perpetuamente – ou, em outras palavras, "existência-própria". O Dr. H. Brugsch aceitou parcialmente essa visão, pois ele definiu *neter* como "o poder ativo que produz e cria coisas com recorrência regular; que lhe concede nova vida, e dá de volta a elas seu vigor juvenil"[3.] Parece não haver dúvida de que, visto que é impossível encontrar alguma palavra que traduzirá *neter* adequada e satisfatoriamente, "existência-própria" e "possuir o poder para renovar a vida indefinidamente", podem juntas ser tomadas como o equivalente de *neter* em nossa própria língua. M. Maspero combate convenientemente a tentativa de fortalecer "o significado de *neter* (masc.), ou *neterit* (fem.), nessas palavras: "Nas expressões 'uma cidade *neterit*', 'um braço (arm) *neteri*'... é certo que 'uma cidade forte', 'um braço forte', dão o sentido primitivo de *neter*? Quando entre nós mesmos alguém diz 'música divina', 'uma peça de divina poesia', 'o divino sabor de um pêssego', 'a divina beleza de uma mulher', [a palavra] divino é uma hipérbole, mas seria um erro

---

[3.] *Religion und Mythologie* (Religião e Mitologia), p. 93.

declarar que originalmente essa palavra significava primoroso, porque nas frases que eu imaginei, alguém poderia aplicar isso como 'música primorosa', 'uma peça de primorosa poesia', 'o primoroso sabor de um pêssego', 'a primorosa beleza de uma mulher'. Da mesma forma, em egípcio, 'uma cidade *neterit*' é 'uma cidade divina'; 'um braço *neteri*' é 'um braço divino' e *neteri* é empregado metaforicamente em egípcio como é [a palavra] 'divino' em francês, sem que sua existência seja mais necessária para conferir à [palavra] *neteri* o significado primitivo de 'forte', que é conferir à [palavra] 'divino' o primitivo significado de 'primoroso'"[4]. Pode ser, é claro, que *neter* tivesse outro significado agora perdido, mas parece que a grande diferença entre Deus e seus mensageiros e as coisas criadas, é que Ele é o Ser que é "existente-por si" e imortal, enquanto eles não são "existentes-por si" e são mortais.

Aqui será feita uma objeção por aqueles que declaram que a antiga ideia egípcia de Deus está no mesmo nível que aquela desenvolvida por povos e tribos que permanecem comparativamente pouco afastadas de animais muito inteligentes, que tais altas concepções, como "existência-própria" e imortalidade, pertencem a um povo que já está em um grau elevado de desenvolvimento e civilização. Esse é precisamente o caso dos egípcios, quando nós os descobrimos. Na verdade, não sabemos nada sobre suas ideias de Deus antes de eles terem se desenvolvido suficientemente para construir os monumentos que conhecemos, e antes de eles possuírem a religião, a civilização e o complexo sistema social que seus escritos revelaram. Nos tempos pré-históricos mais remotos é provável que sua visão sobre Deus e a vida futura fosse um pouco melhor que aquelas das tribos selvagens, atualmente vivas, com quem alguns os compararam. O deus primitivo era um aspecto essencial da

---

4. Ed. Maspero, *Pyramides de Saqqarah* (Pirâmides de Saqqarah), p. 25.

família e as riquezas do deus variavam com as da família; o deus da cidade na qual um homem vivia era considerado como o soberano da cidade, e o povo não pensou mais em negligenciar e provê-lo com o que eles consideravam ser devido à sua condição e posição do que pensavam em negligenciar prover suas próprias necessidades. De fato o deus da cidade tornou-se um centro da estrutura social daquela cidade e cada habitante herdava automaticamente certas obrigações, cujo abandono trazia incômodos declarados e penalidades. A peculiaridade surpreendente da religião egípcia é que a ideia primitiva do deus da cidade está sempre se manifestando nela, e essa é a razão por que encontramos ideias semisselvagens de Deus ao lado de algumas das mais sublimes concepções e, é claro, inspira todas as lendas dos deuses, por isso eles possuem todos os atributos de homens e mulheres. O egípcio, em seu estado semisselvagem, não era nem melhor nem pior do que qualquer outro homem no mesmo estágio de civilização, mas ele permanece facilmente como o primeiro entre as nações em sua capacidade de aperfeiçoamento, e em sua habilidade para desenvolver concepções concernentes a Deus e à vida futura, que são sustentadas como o produto peculiar das nações cultas do nosso tempo.

Precisamos agora, entretanto, ver como a palavra para Deus, *neter*, é empregada em textos religiosos e em trabalhos que contêm preceitos morais. No texto de Unas, um rei que esteve no poder em torno de 3300 a.C., encontramos a passagem: "Aquele que é mandado por teu *ka* vem a ti, aquele que é mandado por teu pai vem a ti, aquele que é mandado por Rá vem a ti e alcança o cortejo de teu Rá. Tu és puro, seus ossos são os deuses e deusas do céu, tu existes ao lado de Deus, tu és livre, tu sais na direção da tua alma, pois toda palavra (ou coisa) ruim que foi escrita no nome de Unas foi abolida." E, novamente, no texto de Teta[5], na passagem em que se refere

---

5. *Ib.*, p. 113.

ao lugar na parte leste do céu "onde os deuses dão origem a si mesmos, onde aquele a quem eles deram origem nasceu, e onde eles renovam sua juventude", é dito desse rei: "Teta ergue-se na forma da estrela... ele pesa a palavra (*ou* submete atos à prova) e contempla a Deus atento àquilo que ele diz". Em outro trecho[6] no mesmo texto, lemos: "Contempla, Teta alcançou o ponto culminante do céu, e os seres *henmemet* o viram; o barco de Semketet[7] o conhece, e é Teta quem o navega, o barco de Mântchet[8] apelou para ele, e é Teta quem o traz para uma pausa. Teta viu seu corpo no barco de Semketet, ele sabe que o *uraeus*[*] que está no barco de Mântchet, e Deus o chamou em seu nome... e conduziu a Rá". E novamente[9] temos: "Tu recebestes a forma (ou atributo) de Deus, e com isso tu te tornastes grande diante dos deuses"; e de Pepi I, que reinou em torno de 3000 a.C., é dito: "Esse Pepi é Deus, o filho de Deus".[10]

Agora, nessas passagens, a alusão é ao supremo Ser no próximo mundo, o Ser que tem o poder de invocar e de obter uma recepção favorável para o finado rei, por Rá, o Deus-Sol, o modelo e símbolo de Deus. Pode, é claro, ser alegado que a palavra *neter* aqui se refere a Osíris, mas não é habitual falar desse deus de tal forma nos textos; e mesmo se admitimos que se refere a ele, isso apenas mostra que os poderes de Deus têm sido atribuídos a Osíris, e que se acreditava que ele ocupava a posição em relação a Rá, e o finado que o Ser supremo ele próprio ocupou. Nos últimos dois trechos colocados acima, pudemos ler: "um deus" em vez de "Deus", mas não há impe-

---

6. Ed. Maspero, *Pyramides de Saqqarah* (Pirâmides de Saqqarah), p. 111.
7. O barco do sol da manhã.
8. O barco do sol da noite.
9. *Ib.*, p. 150.
* N. do. T.: A *uraeus* ou cabeça de serpente era usada nas coroas dos faraós egípcios como símbolo de sua sabedoria. Aqui encontraremos com frequência o uso da palavra no plural: *uraei*.
10. *Ib.*, p. 222.

dimento em o rei receber a forma ou o atributo de um deus sem nome; e a menos que Pepi se torne o filho de Deus, a honra que o autor daquele texto pretende atribuir ao rei se torna pequena e mesmo ridícula.

Passando dos textos religiosos para trabalhos que contêm preceitos morais, encontramos muita luz sendo lançada sobre a ideia de Deus pelos escritos dos antigos sábios do Egito. Primeiramente entre esses estão os "Preceitos de Kaqemna" e os "Preceitos de Ptah-hetep", trabalhos que foram compostos em torno do ano 3000 a.c. Sua cópia mais antiga que possuímos não é, infelizmente, anterior a 2500 a.c., mas esse fato de maneira alguma afeta o nosso argumento. Esses "preceitos" pretendiam formar um trabalho de direção e guia para um homem jovem na execução de suas obrigações frente à sociedade em que vivia, e frente a Deus. É justo dizer, porém, que o leitor procurará em vão neles a informação que é encontrada nos escritos de caráter similar compostos em um período posterior; mas, como um trabalho que pretende demonstrar o "conjunto das obrigações do homem" para o jovem do tempo em que a Grande Pirâmide era ainda uma construção nova, esses "preceitos" são muito surpreendentes. A ideia de Deus sustentada por Ptah-hetep é ilustrada pelas seguintes passagens:

1. "Tu farás com que nem homem nem mulher tenham medo, pois Deus opõe-se a isso; e se qualquer homem disser que irá viver desse modo, Ele o fará querer pão."

2. "Quanto ao homem nobre que possui abundância de bens, este pode agir de acordo com seus próprios ditados; e ele pode fazer aquilo que o apraz; se ele tem vontade de não fazer absolutamente nada, isso também é o que lhe dá prazer. Ao esticar simplesmente sua mão, o homem nobre faz aquilo que o gênero humano (*ou* uma pessoa) não consegue fazer; mas, na medida em que comer do pão está de acordo com o plano de Deus, isso não pode ser proibido."

3. "Se tu tens terra para cultivar, labuta no campo que Deus deu a ti; em vez de encher tua boca com aquilo que pertence aos teus vizinhos, é melhor assustar aquele que tem posses [para dá-las a ti]."

4. "Se tu humilhas a ti mesmo a serviço de um homem perfeito, tua conduta será justa diante de Deus."

5. "Se tu fores um homem sensato, faz teu filho ser agradável a Deus."

6. "Satisfaz aqueles que dependem de ti tanto quanto tu fores capaz; isso seja feito por aqueles a quem Deus favoreceu."

7. "Se, tendo sido insignificante, tu te tornastes grande; e se, tendo sido pobre, te tornastes rico; e se te tornastes o governador da cidade, não sejas cabeça-dura em razão de teu avanço, pois tu te tornastes meramente o guardião das coisas que Deus concedeu."

8. "O que é amado por Deus é a obediência; Deus odeia a desobediência."

9. "Na verdade, um bom filho é um dos presentes de Deus."[11]

A mesma ideia de Deus, mas consideravelmente ampliada em algumas questões, pode ser encontrada nas Máximas de *Khensit-hetep*, um trabalho que foi provavelmente composto durante a XVIII dinastia. Esse trabalho foi estudado detalhadamente por vários egiptólogos eminentes, e apesar da considerável diferença de opiniões que existiu entre eles a respeito dos detalhes e das sutilezas gramaticais, o sentido geral das máximas foi claramente estabelecido. Para ilustrar o uso da palavra *neter*, as passagens que seguem foram escolhidas desse trabalho:

1. "Deus engrandece seu nome."

2. "O que a casa de Deus tem é muito eloquente. Implora

---

11. O texto foi publicado como *Prisse d'Avennes*, fac-símile de um papiro, intitulado *Égyptien en caractères hiératiques* (Egípcio em caracteres hieráticos), Paris, 1847. Para a tradução do trabalho todo, veja Virey, *Attudes sur le Papyrus Prisse*, Paris, 1887.

tu, com um coração amoroso, todas as súplicas que estão em segredo. Ele irá executar teu trabalho, Ele ouvirá aquilo que tu dissestes e irá aceitar tuas oferendas."

3. "Deus decreta a justiça."

4. "Quando tu fazes uma oferenda para teu Deus, tu te protege das coisas que são uma abominação para Ele. Contempla os Seus planos com teus olhos, e devota-te a ti mesmo à adoração do seu nome. Ele dá almas para milhões de formas, e o que Lhe será engrandecido Ele engrandece."

5. "Se tua mãe levantar suas mãos para Deus, ele ouvirá suas preces [e te repreenderá]."

6. "Entrega-te a Deus, e fortalece-te a ti mesmo diariamente para Deus."

Agora, apesar de as passagens acima provarem a ideia enaltecida de que os egípcios se sustentavam do Ser supremo, elas não nos oferecem nenhum dos títulos ou epítetos que foram destinados a ele; para esses precisamos recorrer aos belos hinos e meditações religiosos, que formam tão importante parte do *Livro dos Mortos*. Mas antes que os citemos, precisamos mencionar o *neteru, isto é*, os seres ou as existências que de alguma forma participam da natureza ou caráter de Deus, e são geralmente chamados "deuses". As nações antigas que entraram em contato com os egípcios em geral entenderam mal a natureza desses seres, e vários autores ocidentais modernos fizeram o mesmo. Quando examinamos esses "deuses" de perto, eles parecem ser nada mais nada menos que formas, ou manifestações, ou fases, ou atributos de um deus, sendo esse deus Rá, o Deus-Sol, que, isso precisa ser lembrado, era o modelo e o símbolo de Deus. Entretanto, o culto do *neteru* pelos egípcios foi a base da imputação da "idolatria vulgar", que foi levantada contra eles, e eles têm sido representados por alguns como estando no nível intelectual baixo das tribos selvagens. É certo que dos tempos mais antigos uma das grandes tendências da religião egípcia estava voltada para o monoteísmo, e essa tendência pode ser observada em todos os textos importantes até o mais recente período; também é certo que um tipo de politeísmo existiu no Egito, lado a lado com o monoteísmo dos tempos muito antigos. Quer seja o monoteísmo ou o politeísmo o mais antigo, é inútil em nossa condição de conhecimento atual tentar descobrir. De acordo com Tiele, a religião egípcia era, no início, politeísta, mas desenvolveu-se em duas direções opostas: em uma direção, os deuses eram multiplicados pela adição de deuses locais, e, na outra, os egípcios se voltaram cada vez mais para o monoteísmo[12]. O Dr. Wiedemann considera a concepção de que três principais elementos podem ser reconhecidos na religião egípcia: (1) Um monoteísmo solar, o que significa um deus, o criador do Universo, que manifesta seu poder especialmente no sol e na administração; (2) Um culto do poder de regeneração da natureza, que expressa a si mesmo na adoração de deuses *ithy phallic**, ou deusas férteis, e de uma série de animais e de variadas divindades da vegetação; (3) Uma percepção de uma divindade antropomórfica, cuja vida neste mundo e no mundo que está além deste era típica do ideal de vida do homem[13] – essa última divindade sendo, é claro, Osíris. Mas retomando, como o Dr. Wiedemann diz, é um fato infeliz que todos os textos que possuímos são referentes ao período de origem da religião egípcia comparativamente antigos e, por esse motivo, neles encontramos esses três elementos misturados, junto com um número de questões estranhas, de tal forma a tornar impossível

---

12. Elas são dadas com transliteração interlinear e tradução no meu *Papyrus of Ani* (Papiro de Ani), p. lxxxv, ff., onde as referências à literatura antiga sobre o assunto serão encontradas.
*N. do.: T. Ictifálico: como o pênis ereto.
13. *Geschiedenis van den Godsdienst in de (sic) Oudheid*, Amsterdã, 1893, p. 25. *Egyptian Religion* (Religião egípcia), p. 10.

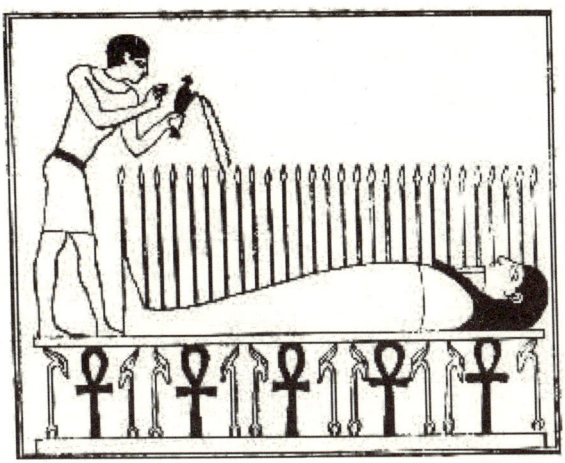

Ilustração 2 - Osíris-Nepra, com o trigo crescendo em seu corpo. Do baixo-relevo em Philae.

descobrir qual deles é o mais antigo. Nenhum exemplo melhor pode ser dado sobre a maneira indefinida como ideias diferentes sobre um deus e Deus são misturadas no mesmo texto, do que a "Confissão Negativa", no Capítulo CXXV do *Livro dos Mortos*. Aqui, nas mais antigas cópias das passagens conhecidas, os finados dizem, "Eu encontrei o maldito Deus" (1.38), e algumas linhas depois (1.42) ele acrescenta, "Eu não pensei com desprezo no deus que vive na minha cidade." Parece que aqui indicamos estratos de crença, e que a mais antiga é representada pela alusão ao "deus da cidade", nesse caso poderia voltar ao tempo em que o egípcio vivia de maneira muito primitiva. Se nós assumimos que Deus (que é mencionado na linha 38) é Osíris, isso não nega o fato de que ele era visto como um ser totalmente diferente do "deus da cidade", e que ele era de importância suficiente para ter uma linha da "Confissão" dedicada a ele. O egípcio não viu incongruência em estabelecer referências para os "deuses" lado a lado com alusões a um deus que não podemos deixar de identificar como o Ser Supremo e o Criador

Ilustração 3 - A Ísis com cabeça de vaca derramando uma libação em honra da alma de Osíris, que surge na forma de um falcão com cabeça de homem das plantas que crescem em um lago sagrado. Do baixo-relevo em Philae.

do mundo; suas ideias e crenças foram, em consequência, tristemente deturpadas e, para certos autores, transformadas em um assunto ridículo. O que, por exemplo, poderia ser uma descrição mais insensata do culto egípcio que é a seguinte: "Quem não conhece, Ó! Volusius de Bithynia, a espécie de monstros que o Egito, em sua paixão, adora? Uma parte venera o crocodilo; a outra, treme diante de uma íbis farta de serpentes. A imagem de um macaco sagrado brilha em ouro, onde os acordes mágicos soam de Memnon quebrado ao meio, e a antiga Tebas permanece enterrada em ruínas, com suas centenas de portões. Em um lugar eles veneram peixes do mar, em outro, peixes de rio; lá, cidades inteiras cultuam um cão; e ninguém cultua Diana. É aflitivo o ato ímpio de violar ou despedaçar com os dentes um alho-poró ou uma cebola. Ó! nações santas! cujos deuses cultivam para eles em seus jardins! Toda mesa se abstém de animais que têm lã: lá é um crime matar um cabrito. Mas a carne humana é alimento lícito."[14]

Os epítetos que os egípcios aplicaram aos seus deuses também dão à luz testemunho valioso referente às ideias que eles sustentavam sobre Deus. Nós já dissemos que os "deuses" são apenas formas, manifestações e fases de Rá, o Deus-Sol, que era ele mesmo o modelo e símbolo de Deus, e está evidente na natureza desses epítetos que eles foram aplicados apenas aos "deuses" porque representaram alguma qualidade ou atributo que teriam aplicado a Deus se fosse seu costume dirigir-se a Ele. Deixe-nos tomar como exemplo os epítetos que são aplicados a Hâpi, o deus do Nilo. O belo hino para esse deus começa da seguinte maneira:

"Homenagem a ti, Ó Hâpi! Tu apareces nesta Terra, e vens em paz para fazer o Egito viver, Ó! Tu, o oculto, tu, guia da escuridão quando é teu prazer ser o seu guia. Tu resgatas os campos que Rá criou, tu fizeste todos os animais viverem,

---

14. *Le Livre des Morts* (*O Livro dos Mortos*) (Análise in *Muséon*, Tom. xiii, 1893). Juvenal, Satire XV (Tradução de Evans nas Séries de Bohn, p. 180). Induzido ao erro por Juvenal, nosso bom George Herbert (militante da Igreja) escreveu:
A princípio ele (isto é o Pecado) alcançou o Egito, e semeou
Os jardins dos deuses, que todo ano geravam
Frescas e finas divindades. Elas foram um grande custo,
Quem para um deus claramente uma *sallet* perdida.
Todos, que coisa é o homem destituído de graça,
Adorando o alho com uma face humilde,
Suplicando por comida àquele que poderá comer
Faminto o pouco tempo que ele cultuava sua comida!
Quem faz de uma raiz seu deus, quão baixo ele é,
Se Deus e homem serão infinitamente severos!
Que desgraçado pode dar a ele uma oportunidade
Cuja casa é imunda, enquanto ele adora sua vassoura?
O hino todo foi publicado por Maspero no *Hymne au Nil* (Hino para o Nilo), Paris, 1868.

tu fizestes a terra beber sem cessar; tu desceste o caminho do céu, tu foste o doador do grão e tu fazes todo lugar de trabalho florescer, Ó! Ptah!... Se tu devesses vencer no céu os deuses iriam cair de cabeça para baixo e a humanidade iria sucumbir. Tu fizeste toda a terra ser aberta (*ou* arada) pelo gado, e príncipe e camponês deitar para descansar... Sua disposição (ou forma) é aquela do Khnemu; quando ele brilha na terra há regozijo, pois todo o povo está alegre, o homem forte (?) recebe sua carne e todo dente tem comida para consumir."

Depois de louvá-lo pelo que ele faz para a humanidade e para os animais, e por fazer as ervas brotarem para o uso de todos os homens, o texto diz:

"Ele não pode ser representado na pedra; ele não deve ser visto nas imagens esculpidas nas quais os homens colocam as coroas unidas do Sul e do Norte supridas com *uraei*; nem trabalhos nem oferendas podem ser feitos para ele; e ele não pode ser criado para sair de seu lugar secreto. O lugar onde ele vive é desconhecido; ele não pode ser encontrado em santuários dedicados a ele; não há habitações que podem contê-lo; e tu não podes imaginar sua forma em teu coração."

Primeiro nós notamos que Hâpi é chamado pelos nomes de Ptah e Khnemu, não porque o autor pensou que esses três deuses eram um, mas porque Hâpi, como o grande fornecedor de água para o Egito, tornou-se, como ele era, um deus criativo como Ptah e Khnemu. Depois vemos que é estabelecido ser impossível representá-lo em pinturas ou mesmo imaginar o que sua forma pode ser, já que ele é desconhecido e seu domicílio não pode ser encontrado, e nenhum lugar pode contê-lo. Mas, como um tema de fato, várias pinturas e esculturas de Hâpi têm sido preservadas, e nós sabemos que ele é geralmente representado na forma de dois deuses; um tem em sua cabeça uma planta papiro e o outro uma planta lótus; o primeiro sendo o Deus do

Nilo do Sul e o segundo, o Deus do Nilo do Norte*. Em outro lugar ele é retratado na forma de um homem grande, tendo o peito de uma mulher. É bem claro, então, que os epítetos que citamos são aplicados a ele simplesmente como uma forma de Deus. Em outro hino, que foi um favorito nas dinastias XVIII e XIX, Hâpi é chamado "Único", e é dito ter criado a si mesmo; mas como ele está mais adiante no texto identificado com Rá, os epítetos que pertencem ao Deus-Sol são aplicados a ele. O Dr. H. Brugsch coletou[15] vários epítetos que são aplicados aos deuses, de textos de todos os períodos; e destes nós podemos ver que as ideias e crenças dos egípcios com referência a Deus eram quase idênticas àquelas dos hebreus e dos muçulmanos em períodos posteriores, quando, classificados, esses epítetos diziam assim: com Ele; Deus é o Único, o Único que fez todas as coisas.

"Deus é um espírito, um espírito oculto, o espírito dos espíritos, o grande espírito dos egípcios, o espírito divino."

"Deus existe desde o princípio, e Ele tem existido desde o princípio; Ele tem existido desde os tempos antigos, e foi quando nada mais havia sido. Ele existiu quando nada existia, e o que existe Ele criou depois que Ele veio a ser. Ele é o pai dos princípios."

"Deus é o eternamente Único, Ele é eterno e infinito; e resiste para todo sempre; Ele tem resistido por incontáveis eras e resistirá por toda a eternidade."

"Deus é o Ser oculto, e nenhum homem soube sua forma. Nenhum homem foi capaz de procurar Sua imagem; Ele é oculto para os deuses e para os homens e é um mistério para Suas criaturas."

---

* N. do T.: O rio Nilo corta o Egito do sul ao norte, dividindo o território em duas regiões: o Vale, estreita faixa de terra cultivável, que fica entre desertos, chamada de Alto Egito; o Delta, em forma triangular, mais fértil, com mais pastos e pântanos, chamado de Baixo Egito.

15. *Religion und Mythologie*, págs. 96-99.

"Nenhum homem sabe como conhecê-Lo. Seu nome permanece oculto; Seu nome é um mistério para Seus filhos. Seus nomes são inumeráveis, eles são múltiplos e ninguém sabe seu número."

"Deus é verdade, e Ele vive pela verdade, e Ele a alimenta. Ele é o Rei da verdade, Ele repousa na verdade, Ele modela a verdade, e Ele executa a verdade em todas as partes do mundo."

"Deus é vida, e apenas por meio d'Ele o homem vive. Ele dá vida ao homem, e Ele respira o fôlego da vida para dentro de Suas narinas."

"Deus é pai e mãe, o pai dos pais e a mãe das mães. Ele gera, mas nunca foi gerado; Ele dá origem, mas nunca teve origem. Ele criou a Si mesmo e deu origem a Si mesmo. Ele cria, mas nunca foi criado; ele é o construtor de Sua própria forma, e o modelador de Seu próprio corpo."

"Deus, Ele mesmo, é a existência, Ele vive em todas as coisas, e vive sobre todas as coisas. Ele resiste sem aumento ou diminuição, Ele multiplica a Si mesmo milhões de vezes e possui multidões de formas e multidões de membros."

"Deus tem sido o Universo, e Ele criou tudo o que está nesse lugar: Ele é o Criador do que está neste mundo, do que era, do que é e do que será. Ele é o Criador do mundo e foi Ele quem o modelou com Suas mãos antes que houvesse algum princípio; e Ele o estabeleceu com aquilo que partiu d'Ele mesmo. Ele é o Criador dos céus, da terra, das profundezas, das águas e das montanhas. Deus tem estendido os céus e fundado a terra. O que o Seu coração concebeu veio para ser transmitido imediatamente, e quando Ele havia falado Sua palavra veio para ficar, e ela resistirá para sempre."

"Deus é o pai dos deuses e o pai do pai de todas as divindades; Ele fez Sua voz soar, e as divindades vieram ao ser, e os deuses surgiram para a existência depois que Ele havia falado com Sua boca. Ele formou a humanidade e modelou os deuses. Ele é o grande Mestre, o primordial Oleiro que transformou os homens e deuses sobre uma mesa de oleiro."

"Os céus descansam sobre Sua cabeça, e a terra suporta Seus pés; o céu oculta Seu espírito, a terra oculta Sua forma, e o outro mundo aprisiona Seu mistério dentro dele. Seu corpo é como o ar, o céu repousa sobre Sua cabeça, e a nova inundação [do Nilo] contém Sua forma."

"Deus é misericordioso para aqueles que O reverenciam, e Ele ouve aquele que O chama. Ele protege o fraco contra o forte e ouve o choro daquele que é confinado em prisões; Ele julga entre o forte e o fraco. Deus conhece o que O conhece, Ele recompensa o que O serve e protege o que O segue."

Nós temos agora que considerar o emblema visível, e o modelo e símbolo de Deus, isto é o Deus-Sol Rá, que foi cultuado no Egito em tempos pré-históricos. De acordo com os escritos dos egípcios, havia um tempo em que nem céu nem terra existiam, em que nada existia exceto a infinita[16] água primordial que foi, contudo, escondida com a densa escuridão. Nessa condição, a água primordial permaneceu por um tempo considerável, não obstante ela continha em si os germes das coisas que posteriormente tomaram posse da existência neste mundo e do próprio mundo. Por fim, o espírito da água primordial sentiu o desejo para a atividade criativa e, tendo pronunciado a palavra, o mundo surgiu imediatamente à existência na forma que já havia sido representada na mente do espírito antes que fosse dita a palavra que resultou na sua criação. O próximo ato da criação foi a formação de um germe, ou ovo, do qual surgiu Rá, o Deus-Sol, em cuja forma brilhante foi encarnado o poder onipotente do espírito divino.

Tal foi o processo da criação como descrito pelo Dr. H. Brugsch, e é curioso ver quão estreitamente suas concepções coincidem com o capítulo do *Papiro de Nesi Amsu,* preservado no

---

16. Veja Brugsch, *Religion*, p. 101.

Museu Britânico[17]. Na terceira seção desse papiro encontramos um trabalho escrito com o único propósito de derrubar Âpep, o grande inimigo de Rá, e na própria composição encontramos duas versões do capítulo que descreve a criação da terra e de todas as coisas que nela existem. O deus Neb-er-tcher é quem fala:

"Eu evoluí o evoluir da evolução. Eu evoluí a mim mesmo sob a forma das evoluções do deus Khepera, que foram evoluídas no início de todo o tempo. Eu evoluí com as evoluções do deus Khepera; Eu evoluí durante a evolução das evoluções, isso quer dizer que eu desenvolvi em mim mesmo da matéria primordial que eu fiz, eu desenvolvi a mim mesmo para fora da matéria primordial. Meu nome é Ausares (Osíris), o germe da matéria primordial. Eu moldei minha vontade inteiramente nesta terra, eu espalhei para fora e a preenchi, E a fortaleci [com] minha mão. eu estava só, porque nada fora dado à luz; eu não havia emitido de mim mesmo nem Shu nem Tefnut. Eu evoluí a mim mesmo sob a forma das evoluções do deus Khepera, e eu desenvolvi a mim mesmo para fora da matéria primordial que evoluiu multidões de evoluções do começo dos tempos. Nada existia nesta terra então, e eu fiz todas as coisas. Não havia ninguém mais que trabalhava comigo naquele momento. Eu fiz lá todas as evoluções, por meio daquela divina Alma que lá eu modelei, e que havia permanecido inoperante no abismo aquoso. Eu não encontrei lugar onde me colocar de pé. Mas eu fui forte em meu coração e fiz uma fundação para mim mesmo, e fiz tudo o que foi feito. Eu estava só. Eu fiz uma fundação para o meu coração (*ou* vontade) e criei multidões de coisas que evoluíram a si mesmas como para as evoluções do deus Khepera, e seus filhos vieram à existência a partir das evoluções de seus nascimentos. Eu emiti de mim mesmo os deuses

---

17. . N?10.188. Veja minha transcrição e tradução de todo o papiro em *Archaeologia*, vol. 52, Londres, 1891.

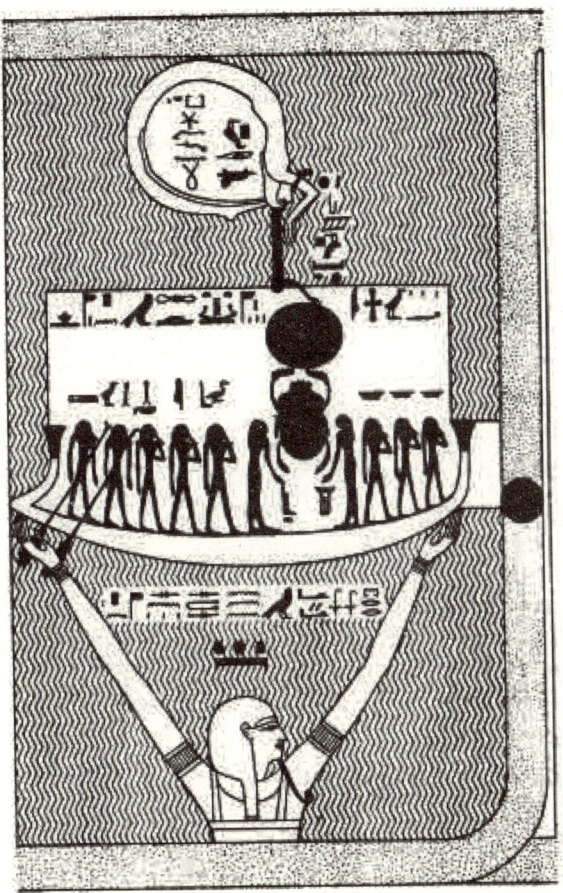

Ilustração 4 - A Criação. O deus Nu nascendo da água primordial e carregando em suas mãos o barco de Rá, o Deus-Sol, que está acompanhado por um número de divindades. Na porção superior da cena está a região do outro mundo que é ligado ao corpo de Osíris, no qual a cabeça sustenta a deusa Nut com os braços estendidos para receber o disco do sol.

Ilustração 5 - Osíris sentado em seu trono ao lado, ou sobre, de um lago. Do Papiro de Hunefer.

Shu e Tefnut, e de ser Único eu me tornei Três; eles surgiram de mim e vieram à existência nesta terra... Shu e Tefnut deram à luz Seb e Nut, e Nut deu à luz Osíris, Hórus-khent-an-maa, Sut, Ísis e Néftis em um nascimento."

O fato da existência de duas versões desse surpreendente capítulo prova que a composição é muito mais antiga que o papiro[18] no qual ele é encontrado, e as leituras variantes que são encontradas em cada um asseguram que os escribas egípcios tinham dificuldade em entender o que estavam escrevendo. Pode ser dito que essa versão da cosmogonia é incompleta, porque não dá conta da origem de qualquer dos deuses, exceto

---

18. Em torno de 300 a.C.

aqueles que pertencem ao ciclo de Osíris, e essa é uma objeção válida; mas estamos aqui interessados apenas em mostrar que Rá, o Deus-Sol, foi evoluído do abismo primordial de água com a mediação do deus Khepera, que atingiu esse resultado pronunciando seu próprio nome. Os grandes deuses cósmicos, tais como Ptah e Khnemu, cuja menção será feita mais tarde, são a descendência de outra tendência de concepções religiosas, e a cosmogonia na qual eles ocupam papel principal é inteiramente diferente. Devemos notar, a propósito, que o deus, cujas palavras citamos acima, declara que evoluiu a si mesmo sob a forma de Khepera, e que seu nome é Osíris, "a matéria primordial", e que, como resultado, Osíris é idêntico a Khepera com respeito às suas evoluções e novos nascimentos. A palavra que traduziu "evoluções" é *kheperu*, literalmente "revolver"; e a que traduz "matéria primordial" é *paut*, a "matéria" original a partir da qual tudo foi feito. Em ambas as versões, somos informados de que homens e mulheres vieram à existência a partir das lágrimas que caíram do Olho de Khepera, o que quer dizer do Sol, sobre o qual o deus diz: "Eu o fiz tomar seu lugar em minha face e, posteriormente, ele governou toda a terra."

Vimos como Rá tornou-se o modelo e símbolo visível de Deus, e o criador do mundo e de tudo o que nele existe; podemos considerar agora a posição que ele sustentou com respeito à morte. No período da IV dinastia, em torno de 3700 a.C., ele foi considerado o grande deus do céu, e o rei de todos os deuses, e seres divinos, e dos mortos beatificados que ali habitam. A posição dos beatificados no céu é decidida por Rá, e dentre todos os deuses que lá existem, apenas Osíris parece ter o poder de reivindicar proteção para os seus seguidores; as oferendas que os finados fariam para Rá são apresentadas a ele por Osíris. Em certo momento, a maior esperança dos egípcios parece ter sido que ele pôde não apenas ter se tornado "Deus, o filho de Deus", por adoção, mas que Rá iria tornar-se mesmo seu pai. Porque no texto de Pepi I[19], é dito: "Pepi é o filho de Rá que o ama; ele parte e eleva a si mesmo ao céu. Rá gerou Pepi, e ele aparece (sai) e eleva a si mesmo ao céu. Rá concebeu Pepi, e ele parte e eleva a si mesmo ao céu. Rá deu à luz Pepi, e ele parte e eleva a si mesmo ao céu. Substancialmente essas ideias permaneceram as mesmas desde os mais antigos até os mais recentes tempos, e Rá manteve sua posição como a grande liderança dos grupos, a despeito da ascensão de Amen à proeminência e da tentativa de tornar Aten o deus dominante do Egito pelos assim chamados "Adoradores do disco". Os bons exemplos típicos que seguem de Hinos para Rá são pegos das mais antigas cópias dos Registros Tebanos do *Livro dos Mortos*.

I. Do Papiro de Ani[20]

Homenagem a ti, Ó! tu que vieste como Khepera, o criador dos deuses. Tu ascendeste e brilhaste, e tu fizeste a luz ser minha mãe, Nut (*isto é*, o céu); tu és coroado rei dos deuses. Tua mãe, Nut, faz um ato de homenagem a ti com suas duas mãos. A terra de Manu (*isto é*, a terra onde o sol se põe) te recebe com satisfação e a deusa Maat te abraça de manhã e no entardecer[21]. Saúdem todos agora os deuses do Templo da elevada Alma[22], quem pesa o céu e a terra na balança, e quem provê alimento divino em abundância! Saúdem, Tatunen, tu Único, tu Criador da humanidade e Autor da substância dos deuses do Sul e do Norte, do Oeste e do Leste! Ó! vem agora e aclama Rá, o senhor do céu e o Criador dos deuses, e adora-o agora em sua bela forma como ele vem de manhã em seu divino barco.

---

19. Ed. Maspero, linha 576.
20. Veja *O capítulo para o surgimento durante o dia*, p. 3.
21. *Isto é*, Maat, a deusa da lei, ordem, regularidade e afins, faz o sul se levantar a cada dia em seu lugar estabelecido e no seu momento estabelecido com absoluta e infalível regularidade.
22. *Isto é*, a alma se refere ao que foi dito na narrativa da criação.

"Ó! Rá, aqueles que habitam nas alturas e aqueles que habitam nas profundezas te adoram. O deus Thoth e a deusa Maat delimitaram para ti [tua direção] para cada e todo dia. Tua inimiga, a Serpente, foi lançada ao fogo, a serpente-demônio Sebau caiu de cabeça para baixo; seus braços foram presos em correntes e tu cortaste suas pernas; e os filhos da impotente revolta não se levantarão nunca mais contra ti. O Templo do Velho[23] (*isto é*, Rá) se mantém festivo e as vozes daqueles que se regozijam estão na poderosa habitação. Os deuses exultam quando veem tua ascensão, Ó! Rá, e quando o teu raio de luz inunda o mundo (com luz). A Majestade do deus sagrado aparece (sai) e avança sereno até a terra de Manu; ele torna a terra brilhante em seu nascimento a cada dia; ele viaja para o lugar onde ele estava ontem."

II. Do Papiro de Hunefer à terra[24]

"Homenagem a ti, Ó! Tu que és Rá quando tu te levantas, e Temu quando tu te pões. Tu levantas, tu levantas, tu brilhas, tu brilhas, Ó! tu que és coroado rei dos deuses. Tu és o senhor do céu, tu és o senhor da terra; tu és o criador daqueles que habitam nas alturas e daqueles que habitam nas profundezas. Tu és o Único Deus que veio à existência no começo dos tempos. Tu criaste a terra, modelaste o homem, fizeste o abismo aquoso do céu, formaste Hâpi (isto é, o Nilo), criaste a grande profundeza e deste a vida a tudo o que lá existe. Tu juntaste as montanhas, fizeste a humanidade e os animais do campo virem à existência, fizeste os céus e a terra. Adorado sejas tu a quem a deusa Maat abraça de manhã e no entardecer. Tu viajas pelo céu com teu coração cheio de alegria; a grande profundeza do céu

---

23. *Isto é*, Rá de Heliópolis.
24. Do Papiro de Hunefer (Museu Britânico, nº 9.901).

está satisfeita por isso. A serpente-demônio Nak[25] caiu, e seus braços estão cortados fora. O barco de Sektet[26] recebeu ventos abundantes e o seu coração que está no santuário regozijou. "Tu és coroado Príncipe do céu e o Único [favorecido com toda a soberania] que apareceu no céu. Rá é aquele que tem a voz verdadeira[27] Salve! tu divino jovem, tu herdeiro da eternidade, tu autogerado Único! Salve! Tu que deste nascimento a ti mesmo! Salve! Único, tu, ser forte, de miríades de formas e aparências, tu, rei do mundo, príncipe de Annu (Heliópolis), senhor da eternidade e soberano da eternidade! O grupo dos deuses regozija-se quando tu te elevas e navegas através do céu, Ó! Tu que és enaltecido no barco Sektet."

"Homenagem a ti, Ó! Amen-Rá[28], que repousas em Maat[29], tu atravessas o céu e toda face vê a ti. Tu fazes prosperar muito enquanto tua Majestade avança e teus raios estão em todas as faces. Tu és desconhecido, e nenhuma língua pode declarar tua imagem; tu, tu mesmo sozinho [podes fazer isso]. Tu és Único... Os homens te louvam em teu nome, e eles juram por ti, pois tu és senhor sobre eles. Tu ouves com teus ouvidos e vês com teus olhos. Milhões de anos se passaram sobre o mundo. Eu não posso dizer o número daqueles pelos quais tu passaste. Teu coração decretou um dia de alegria em teu nome de Viajante. Tu atravessas e viajas através de distâncias [exigindo] milhões e centenas de milhares de anos [para atravessar]; tu passas através deles em paz e conduzes teu caminho através do abismo aquoso ao lugar que tu amas; isso tu fazes em um pequeno momento do tempo e então deixas cair e fazes um fim das horas."

---

25. Um nome da serpente das trevas que Rá mata diariamente.
26. O barco no qual Rá navegou desde o meio-dia até o pôr do sol.
27. *Isto é*, tudo o que Rá ordena acontece sem demora; veja o capítulo sobre o Julgamento do Morto.
28. Sobre o deus Amen, veja o capítulo "Os Deuses dos Egípcios".
29. *Isto é*, "tua existência, teus levantar e pôr são ordenados e definidos por leis fixas, imutáveis e inalteráveis".

III. Do Papiro de Ani[30]

A bela composição que segue, parte hino e parte prece, é de interesse excepcional.

"Salve! Tu, Disco, tu senhor dos raios, que levantas no horizonte dia a dia! Brilhas tu com teus raios de luz na face de Osíris Ani, que tem voz verdadeira; pois ele canta hinos de louvor para ti no amanhecer, e ele faz te pores no entardecer com palavras de adoração. Possa a alma de Ani partir contigo para o céu, possa ele ir adiante no barco de Mâtet. Possa ele vir ao porto no barco de Sektet, e possa ele abrir seu caminho entre as estrelas que nunca se firmam nos céus.

Osíris Ani, ser em paz e triunfo, adora o seu senhor, o senhor da eternidade, dizendo: 'Homenagem a ti, Ó! Heru-khuti (Harmachis), que é o deus Khepera, o que criou a si mesmo; quando tu te levantas no horizonte e vertes teus raios de luz sobre as terras do Norte e do Sul, tu és belo, sim belo, e todos os deuses regozijam-se quando contemplam a ti, o rei do céu. Tua deusa Nebt-Unnut está assentada em tua cabeça; e os *uraei* dela do Sul e do Norte estão sobre seu rosto; ela toma o seu lugar diante de ti. O deus Thoth está assentado na proa do teu barco para destruir completamente todos os teus inimigos. Aqueles que estão na Tuat (outro mundo) saem para encontrar a ti, e eles se curvam humildes em homenagem quando vêm diante de ti, para contemplar teu Disco a cada dia. Que eu possa não ser aprisionado [na sepultura], que eu possa não ser repelido, possam os membros do meu corpo ser refeitos quando eu contemplar as belezas, mesmo se [são aquelas de] todos os teus protegidos, porque eu sou um daqueles que veneraram a ti sobre a terra. Que eu possa vir à terra da eternidade, que eu possa vir ainda à eterna terra, para contemplar, Ó! Meu senhor, isso tu ordenaste para mim.

---

30. Lâmina 20.

Homenagem para ti, Ó! Tu que levantas no horizonte como Rá, tu descansas em Maat[31]. Tu passas sobre o céu, e toda face observa a ti e ao teu curso, pois tu foste oculto do olhar deles. Tu mostras a ti mesmo no amanhecer e no entardecer dia a dia. O barco de Sektet, no qual está tua Majestade, aparece (sai) com poder; teus raios de luz estão sobre [todas] as faces, teus raios vermelhos e amarelos não podem ser descritos. As terras dos deuses e as terras a leste de Punt[32] precisam ser vistas antes que aquela que está escondida [em ti] possa ser medida[33]. Só e consigo mesmo tu manifestas a ti mesmo [quando] tu vens à existência acima de Nu. Que eu possa avançar, ao mesmo tempo que tu avanças; que eu possa nunca cessar [de ir adiante], até que tua Majestade não cesse [de ir adiante], mesmo que seja por um momento; pois com passos largos tu em um breve momento passas sobre espaços e [o homem] precisaria de centenas de milhares, sim, milhões de anos para atravessar; [isso] tu fazes, e então tu te pões a descansar. Tu pões um fim às horas da noite, e tu as contas, mesmo tu; tu puseste fim a elas em teu próprio momento designado, e a terra tornou-se luz. Tu te estabeleceste a ti mesmo antes que tua obra na imagem de Rá; tu te levantas no horizonte.

Osíris, o escriba Ani, declara seu louvor a ti quando tu brilhas, e quando tu te levantares no amanhecer proclamará sua alegria em teu nascimento, dizendo:

Tu coroaste com a majestade de tuas belezas; tu moldaste teus membros, pois tu avanças e os dás à luz sem dores de parto na forma de Rá, pois tu te elevas na altura celestial, Grandioso tu, que eu possa me aproximar do céu, que é infinito, e da montanha onde habitam os teus protegidos. Que eu possa ser

---
31. Isto é, lei imutável e inalterável.
32. Isto é, as costas oriental e ocidental do Mar Vermelho, e a costa no nordeste da África.
33. Tenho dúvidas sobre o significado dessa passagem.

unido àqueles seres brilhantes, sagrados e perfeitos, que estão no outro mundo, e que eu possa partir com eles para contemplar tuas belezas quando tu brilhas no entardecer e vai, para tua mãe Nut. Tu te pões a ti mesmo no ocidente, e minhas mãos adoram [a ti] quando tu te pões como um ser vivo[34]. Olha! tu és o eterno criador, e tu és adorado [tal como quando] tu te pões nos céus. Eu dei meu coração a ti sem hesitar, Ó! Tu que és mais forte que os deuses.

Ilustração 6 - Osíris na personalidade de Manu, o "deus do braço erguido", e Harpokrates, como eles se sentaram no disco da lua. Abaixo está o Deus-crocodilo Sebek carregando em suas costas a múmia do deus. À esquerda está Ísis. Do baixo-relevo em Philae.

Um hino de louvor a ti, Ó! Tu que te levantas como em ouro e que inundastes o mundo com luz no dia de teu nascimento.

---
34. *Isto é*, "Porque quanto tu te pões não morres".

Tua mãe te deu à luz, e sem demora tu destes luz ao caminho do [teu] Disco, Ó! Tu grande Luz que brilha nos céus. Tu fizeste as gerações de homens florescerem por meio da inundação do Nilo, e tu causas contentamento de existir em todas as terras, e em todas as cidades, e em todos os templos. Tu és glorioso em razão de teu esplendor, e tu fazes forte o teu KA (*isto é,* Cópia) com alimentos divinos, Ó! Tu o poderoso de vitórias, tu, Poder dos Poderes, que fizeste forte teu trono contra teus demônios

Ilustração 7 - Osíris em pé entre Ísis e Néftis. De um baixo-relevo em Philae.

maus que são gloriosos em Majestade no barco Sektet, e mais forte no barco de Âtet!"[35]

Esta seleção pode estar apropriadamente fechada por um pequeno hino[36] que, embora seja de uma data mais antiga, reproduz de forma resumida todas as características essenciais dos hinos mais longos da XVIII dinastia (em torno de 1700 a 1400 a.C.).

"Homenagem a ti, Ó! Tu glorioso Ser, tu que és dotado [com toda a soberania]. Ó! Temu-Harmachis[37], quando tu te levantas no horizonte do céu, eu choro de contentamento, venho diante de ti da boca de todos os povos. Ó! Tu belo Ser, tu renovaste a ti mesmo em tua estação na forma do Disco dentro de tua mãe Hathor[38]; por esse motivo, em todo lugar, todo coração se enche de contentamento no teu nascimento para sempre. As regiões do Norte e do Sul vêm a ti com homenagem, e mandam adiante aclamações em teu nascimento no horizonte do céu; tu iluminas as duas terras com raios de luz turquesa. Salve! Rá, tu que és Rá-Harmachis, tu divino menino-homem, herdeiro da eternidade, autogerado e autonascido, rei da terra, príncipe do outro mundo, comandante das regiões de Aukert (*isto é*, o outro mundo)! Tu apareceste (saíste) da água, tu nasceste do deus Nu, que te quer bem e ordena teus membros. Salve! Deus da vida, tu senhor do amor, todos os homens vivem quando tu brilhas; tu és coroado rei dos deuses. A deusa Nut faz homenagem a ti, e a deusa Maat te abraça em todos os momentos. Aqueles que estão em tua comitiva cantam para ti com contentamento e vergam suas cabeças à terra quando te encontram, tu senhor do céu, tu senhor da terra, tu rei da Justiça e da Verdade, tu

---
35. A noite do Sol e barcos da manhã, respectivamente.
36. Do Papiro de Nekht (Museu Britânico, nº 10.471).
37. O sol do entardecer e da manhã, respectivamente.
38. Como Nut, uma deusa do céu, mas particularmente da parte em que o sol se levanta.

senhor da eternidade, tu príncipe da eternidade, tu soberano de todos os deuses, tu deus da vida, tu criador da eternidade, tu construtor do céu e por isso tu és solidamente instituído. O grupo dos deuses regozija-se em teu nascimento, a terra é alegre quando contempla teus raios; os povos que foram mortos há muito tempo aparecem com choros de contentamento para ver tuas belezas todos os dias. Tu sais a cada dia sobre o céu e a terra, e és feito forte a cada dia por tua mãe Nut. Tu passas pelas alturas do céu, teu coração se enche de contentamento; o abismo do céu está satisfeito ali. A Serpente-demônio caiu, seus braços estão cortados e a faca cortou em pedaços suas juntas. Rá vive em Mart a beleza. O barco de Sektet aproxima-se e vem para o porto; o Sul e o Norte, o Oeste e o Leste, se voltam para te louvar, Ó! Tu substância primordial da terra que veio à existência de teus próprios acordes. Ísis e Néftis te saúdam, elas cantam para ti canções de alegria em teu levantar no barco em que elas protegem a ti com suas mãos. As almas do Leste te seguem, as almas do Oeste te louvam. Tu és o soberano de todos os deuses e tu tens alegria de coração em teu santuário; pois a Serpente-demônio, Nak, foi condenada ao fogo, e teu coração será feliz para sempre."

Das considerações colocadas nas páginas precedentes, dos extratos dos textos religiosos de variados períodos e dos hinos citados, o leitor pode julgar as visões que o egípcio antigo sustentava no que concerne ao Deus Onipotente e seu modelo e símbolo visível Rá, o Deus-Sol. Os egiptólogos discordam em suas interpretações sobre algumas passagens, mas concordam em relação a fatos gerais. No trato com os fatos não pode ser muito claramente entendido que as ideias religiosas do Egito pré-histórico foram muito diferentes daquelas do ilustrado sacerdote de Mênfis na II dinastia, ou aquelas dos cultuadores de Temu ou Atum, o deus do pôr do sol, na IV dinastia. Os compiladores de textos religiosos de todos os períodos mantiveram superstições em excesso e crenças grosseiras, que eles sabiam bem serem os produtos da imaginação de seus ancestrais selvagens, ou semisselvagens, não porque eles acreditassem nelas, ou pensassem que a laicidade a que eles serviam iria aceitá-las, mas por causa de sua reverência às tradições herdadas. Os seguidores de toda grande religião no mundo nunca se livraram inteiramente de todas as superstições que herdaram em todas as gerações de seus ancestrais; e o que foi a verdade dos povos do passado continua sendo, em certo grau, dos povos de hoje. No Oriente, as mais antigas ideias, crenças e tradições o são, quanto mais sagradas se tornam; mas isso não impediu os homens de lá de desenvolver altas concepções morais e espirituais e de continuar a acreditar nelas, e em meio a isso precisa ser levado em conta o Único, autogerado e autoexistente Deus que os egípcios cultuaram.

Capítulo II

Osíris – O Deus da Ressurreição

Os egípcios de todos os períodos conhecidos por nós acreditavam que Osíris era de origem divina, que sofreu morte e mutilação nas mãos dos poderes do mal, que depois de uma grande luta com esses poderes se levantou novamente, que se tornou daí por diante o rei do outro mundo e juiz dos mortos, e que por ter conquistado a morte, o justo também pode conquistar a morte; e eles ergueram Osíris a tão elevada posição no céu que ele ficou à altura, e em certos casos superior a Rá, o Deus-Sol, e lhe conferiram atributos que fazem parte de Deus. Seja como for que retornemos ao passado, descobrimos que essas visões a respeito de Osíris são assumidas como conhecidas pelo leitor de textos religiosos e aceitas por ele, e no mais antigo livro fúnebre a posição de Osíris com relação aos outros deuses é idêntica àquela em que ele é criado para dominar nas cópias mais recentes do *Livro dos Mortos*. Os primeiros autores dos antigos textos hieroglíficos fúnebres e seus compiladores recentes assumiram tão completamente que a história de Osíris era conhecida por todos os homens, que nenhum deles, até onde nós sabemos, pensou que fosse necessário registrar uma narrativa relacionada à vida e sofrimentos desse deus sobre a terra, ou se eles o fizeram, não chegou até nós. Mesmo na V dinastia descobrimos Osíris e os deuses de seu ciclo, ou grupo, ocupando um lugar peculiar e especial nas composições escritas em benefício dos mortos, e a pedra e os outros monumentos que pertencem a períodos ainda mais antigos mencionam cerimônias cuja execução assumiu a acuidade substancial da história de Osíris como fizeram conhecidos para nós os antigos autores. Mas nós temos uma história relacionada de Osíris que, embora não escrita em egípcio, contém tantos elementos de origem egípcia que podemos ter certeza de que seu autor colheu suas informações de fontes egípcias: refiro-me ao trabalho *De Iside et Osiride*, do autor grego Plutarco, que viveu em meados do primeiro século da nossa era. Nele, infelizmente, Plutarco identifica alguns dos deuses egípcios com os deuses dos gregos e acrescenta várias afirmações que ou se basearam em sua própria imaginação ou são os resultados de desinformação. A tradução[39] por Squire conduz-se como segue:

"Reia[40] diz que eles, tendo acompanhado Saturno[41] sub-repticiamente, foram descobertos pelo Sol[42], que imediatamente declarou uma maldição sobre ela, 'que ela não deveria ser libertada em nenhum mês ou ano'. Mercúrio, contudo, sendo igualmente enamorado da mesma deusa, em recompensa aos favores que ele recebeu dela, aposta com a Lua, e ganha dela a sétima parte de cada uma das suas iluminações; essas várias partes, que somam o total de cinco dias, juntou mais tarde, e somou aos 360, dos quais o ano consistia em tempos passados, dias esses que por esse motivo são ainda chamados pelos egípcios o *Epact* ou

---

39. *Plutarchi de Iside et Osiride liber: Graece et Anglice*. Por S. Squire, Cambridge, 1744.
40. Isto é, Nut.
41. Isto é, Seb.
42. Isto é, Rá.

superacréscimo, e observados por eles como os aniversários de seus deuses. Pois no primeiro deles, dizem eles, Osíris nasceu, no momento exato de sua entrada no mundo uma voz foi ouvida, dizendo: 'O senhor de toda a terra nasceu'. Há alguns de fato que relatam essa circunstância de maneira diferente, como aquela certa pessoa, chamada Pamyles, enquanto ele estava indo buscar água do templo de Júpiter em Tebas, ouviu uma voz mandando-o proclamar em voz alta que 'o bom e grande rei Osíris já havia nascido'; e que, por essa razão, Saturno lhe confiou a educação da criança, e que em memória a esse evento Pamylia foi mais tarde instituída uma festa que se parece muito com a Phalliphoria ou Priapeia dos Gregos. No segundo desses dias nasceu AROUERIS[43], que alguns chamam Apolo, e outros distinguem pelo nome de ancião Orus. No terceiro, Typho[44] veio ao mundo, não tendo nascido nem no momento apropriado, nem em local apropriado, mas forçando seu caminho através de um ferimento que ele havia feito no flanco de sua mãe. Ísis nasceu no quarto deles, nos pântanos do Egito, enquanto NÉFTIS foi a última, a quem alguns chamam Teleute e Afrodite, e outros Nike. Agora quanto aos pais dessas crianças, é dito que os dois primeiros foram gerados pelo Sol, Ísis por Mercúrio, Tífon e Nepthys por Saturno; e, dessa maneira, o terceiro desses dias supersomado, porque foi tido como o dia do aniversário de Tífon, foi considerado pelos reis como nefasto, e consequentemente não faziam nenhum negócio nesse dia, ou mesmo martirizavam-se não ingerindo nenhuma comida ou bebida até o entardecer. Mais adiante eles acrescentam que Tífon se casou com Nepthys; e que Ísis e Osíris, tendo uma afeição mútua, amaram um ao outro no útero de sua mãe antes de nascerem, e que dessa troca surgiu Aroueris, que os egípcios também chamam de o ancião, Orus, e os gregos chamam de Apolo.

---

43. Isto é, Heru-ur, "Hórus, o Ancião".
44. Isto é, Seth.

Osíris, tendo agora se tornado rei do Egito, dedicou-se em educar seus conterrâneos, fazendo-os abandonar seu curso anterior de vida indigente e bárbaro; ele, além disso, os ensinou a cultivar e aperfeiçoar os frutos da terra; ele lhes deu um corpo de leis para regular sua conduta e os instruiu na reverência e culto que deviam render aos deuses. Com a mesma boa disposição ele viajou mais tarde pelo resto do mundo induzindo as pessoas de todo lugar a se submeter à sua disciplina; não propriamente obrigando-os pela força dos braços, mas persuadindo-os a se render à força de sua razão, que lhes era transmitida da maneira mais agradável, em hinos e músicas, acompanhados por instrumentos musicais: dessa última circunstância os gregos concluem que ele era o mesmo que Dionísio ou Baco. Durante a ausência de Osíris no reino, Tífon não teve oportunidade de fazer nenhuma inovação no estado, sendo Ísis extremamente vigilante no governo, e sempre em guarda. Depois do seu retorno, contudo, tendo primeiramente persuadido 72 outras pessoas a se juntarem a ele na conspiração, junto com uma certa rainha da Etiópia chamada Aso, que estava por acaso no Egito naquele momento, ele tramou uma estratégia apropriada para executar seus planos indignos. Pois tendo tomado secretamente a medida do corpo de Osíris, ele fez com que uma arca fosse feita exatamente do mesmo tamanho que o dele, tão belo quanto possível, enfeitado com todos os ornamentos de arte. Ele levou sua arca para a sala de banquete; onde, depois de ter sido muito admirada por todos os presentes, Tífon, como se estivesse gracejando, prometeu dá-la a qualquer um deles que a experimentasse, e cujo corpo fosse considerado do tamanho certo para caber nela. Nisso, todo o grupo, um depois do outro, vai a ela; mas como ela não serviu nenhum deles, por último Osíris se deitou, ele mesmo dentro dela, e assim os conspiradores imediatamente correram ao mesmo tempo, bateram ruidosamente a tampa, e então a fecharam pelo lado de fora com pregos, derramando também chumbo derretido sobre ela. Depois disso, eles a carregaram para a margem do rio, e a transportaram para o mar pela boca Tanaïtic do Nilo; que, por essa razão, é ainda tida como a maior abominação pelos egípcios, e nunca nomeada por eles, senão com justos indícios de repulsa. Essas coisas, eles dizem, foram assim executadas no 17º. dia do mês Athyr[45], quando o sol estava em Escorpião, no 28º. ano do reino de Osíris; apesar de que há outros que nos dizem que ele não tinha mais que 28 anos de idade nesse momento.

"Os primeiros que souberam do desastre que havia acontecido ao seu rei foram os pans e sátiros que habitavam no campo perto de Chemmis (Panópolis); e eles imediatamente deram a conhecer ao povo as notícias e criaram a primeira ocasião para o nome Terrores Apavorantes, que tem desde então sido usado para significar algum pavor súbito ou assombramento de uma multidão. Pois, para Ísis, tão logo a notícia lhe chegou, imediatamente cortou um dos cachos de seu cabelo[46] e colocou traje de luto no mesmo local em que ela por acaso estava e que, como consequência desse desastre, tem sido chamado desde então de Koptis, ou *a cidade do luto*, apesar de que alguns são da opinião que essa palavra significa mais exatamente *privação*. Depois disso, ela vagou ao redor de todo o país, cheia de inquietação e perplexidade à procura da arca, indagando a toda pessoa com quem se encontrava, mesmo a algumas crianças que teve a oportunidade de ver, se sabiam o que havia sido feito dela (arca). Ora, acontece que essas crianças viram o que os cúmplices de Tífon haviam feito com o corpo, e informaram-lhe por qual boca do Nilo ela havia sido transportada para o mar. Por essa razão, os egípcios olham as crianças como sendo dotadas de um tipo de faculdade divina, e em consequência dessa noção têm muita

---
45. No calendário egípcio esse dia foi marcado como triplamente malogrado.
46. O cabelo cortado como um sinal de luto era geralmente deixado no túmulo do morto.

curiosidade em observar o balbucio acidental que elas têm umas com as outras enquanto estão brincando (especialmente se for em um local sagrado), formando augúrios e preságios a partir dele. Ísis, durante esse intervalo, tendo sido informada de que Osíris, enganado por sua irmã Nepthys, que estava enamorada, havia inconscientemente se unido com ela (Nepthys) em vez de com ela mesma (Ísis), como concluiu a partir da coroa de *melilot*[47], que ele havia deixado com ela, fez daquilo um assunto também dela procurar a criança, o fruto de sua relação ilícita (pois sua irmã, temendo a ira de seu marido Tífon, a havia abandonado assim que ela nasceu), e, dessa maneira, depois de muitas dores e dificuldades, por meio de alguns cães que a conduziram ao lugar onde ele estava, ela o encontrou e o criou; tanto que no processo de tempo ele se tornou seu constante guardião e criado, e desde então obteve o nome de Anúbis, assistindo e guardando os deuses, como os cães fazem com os homens."

Por fim, ela recebe notícias mais detalhadas da arca, na qual ele havia sido carregado pelas ondas do mar para a costa de Byblos[48], e lá suavemente abrigado sob os galhos de um arbusto de tamarisco, que, em pouco tempo, virou uma grande e bela árvore, crescendo em torno da arca, e envolvendo-a por todos os lados, de forma que ela não podia ser vista; e, além disso, que o rei do país, espantado com seu tamanho incomum, havia cortado a árvore e fez daquela parte do tronco em que a arca estava encoberta um pilar para sustentar o telhado de sua casa. Dizem eles que tendo sido contadas essas coisas para Ísis de maneira extraordinária pelo relato de Demônios, ela foi imediatamente a Biblos, onde, colocando-se ao lado de uma fonte, recusou a falar com qualquer pessoa, exceto com as mulheres da rainha, que por acaso estavam ali; estas, de fatos ela saudou

---

47. Isto é, uma coroa de trevos.
48. Não a Biblos da Síria (Jebe!), mas os pântanos de papiros do Delta.

e deu atenções da maneira mais gentil possível, trançando seus cabelos, transmitindo parte daquele maravilhoso odor que exalava de seu próprio corpo. Isso provocou grande desejo na rainha senhora delas ver a estranha que tinha essa admirável faculdade de transmitir tão fragrante perfume dela mesma para o cabelo e pele das outras pessoas. Por esse motivo, ela a mandou buscar para a corte, e, depois de maior familiaridade com ela, a tornou ama de um de seus filhos. Ora, o nome do rei nesse tempo em Biblos era Melcarthus, como o de sua rainha era Astarte, ou, de acordo com outros, Saosis, embora alguns a chamem Nemanoun, que responde pelo nome grego de Atena.

"Ísis alimentou a criança dando-lhe seu dedo para sugar em vez de seu peito; ela também o punha toda noite no fogo na intenção de despender sua parte mortal, conquanto transformava a si mesma em uma andorinha, ela rondava o pilar e lamentava o seu triste destino. Assim continuou a fazer por algum tempo, até que a rainha, que permanecia vigiando-a, observando a criança estar toda em uma flama, implorou, e assim a privou daquela imortalidade que de outro modo teria sido concedida a ela. A Deusa, em frente disso, descobrindo a si mesma, pediu que o pilar, que sustentava o telhado, lhe fosse dado; dessa maneira ela desceu, e então cortando-o facilmente o abriu, depois que ela havia levado o que queria, embrulhou o restante do tronco em fino linho, e derramando óleo perfumado sobre ele entregou-o novamente nas mãos do rei e da rainha (cujo pedaço de madeira é até hoje preservado no templo de Ísis, e cultuado pelo povo de Biblos). Quando isso foi feito, ela lançou-se sobre a arca, fazendo ao mesmo tempo tal lamentação sonora e terrível, de forma a amedrontar o mais novo dos filhos do rei, que a ouvia. No entanto, o mais velho deles foi levado com ela e começou a navegar com a arca para o Egito; e estando então próxima a manhã, o rio Phaedrus emitindo ares agitados e bruscos, ela em sua cólera secou sua correnteza.

Ilustração 8 - Osíris de Hermópolis do Baixo Egito levantando-se de seu ataúde sob o comando de Hórus. Mariette, Dendérah, IV, 72.

"Sem demora, ela chegou ao local da tragédia, onde imaginou que estivesse sozinha, mas logo abriu a arca e assentando sua face sobre seu marido morto abraçou seu corpo e chorou amargamente, mas, percebendo que o pequeno menino havia se escondido silenciosamente atrás dela, e descoberto a razão de seu desgosto, ela se virou para o lado subitamente, e em sua cólera olhou-o de forma tão feroz e severa que ele imediatamente morreu de medo. Outros disseram que a morte dele não aconteceu dessa maneira, mas, como sugerido acima, que ele cai no mar e, mais tarde, recebeu as maiores honras por conta da Deusa; pelo que o Maneros mencionado acima é assim honrado pelos egípcios em suas festas, porque ele foi o primeiro que inventou a música. Há outros, também, que afirmam que Maneros não é particularmente o nome de uma pessoa, mas uma simples forma habitual e maneira de cumprimento, de saudação usada entre os egípcios em respeito um ao outro em suas mais solenes festas e banquetes, não significando, por isso, desejar que o que eles já foram pode se revelar afortunado e feliz para eles; por isso, essa é a verdadeira significação da palavra. Da

Ilustração 9 - Erguendo o Tet. Do baixo-relevo em Abidos.

mesma forma, eles dizem que o esqueleto humano, que nesses tempos de alegria é carregado de um lado para o outro em uma caixa, e mostrado a todos os convidados, não é planejado, como alguns imaginam, para representar os infortúnios particulares de Osíris, mas sem dúvida lembrá-los de sua mortalidade, e assim estimulá-los para a liberdade para fazer uso e gostar das boas coisas que são colocadas diante deles, vendo que eles precisam rapidamente se tornar como foram vistos; e que essa é a verdadeira razão de apresentá-lo em seus banquetes – mas para prosseguir na narração:

"Ísis pretendendo uma visita a seu filho Orus, que foi trazido para Butus, depositou nesse ínterim a arca em um lugar remoto e ermo: Tífon, contudo, como estava uma noite passeando sob a luz da lua, acidentalmente a encontrou; e sabendo qual corpo estava dentro dela, despedaçou-a em muitos pedaços, 14 ao todo, dispersando-os para um lado e para o outro em diferentes partes do país. Tendo sido informada a respeito desses eventos, Ísis parte uma vez mais à procura dos fragmentos espalhados do corpo de seu marido, usando um barco feito de junco de papiro na intenção de passar mais facilmente pelas partes mais baixas e pantanosas do país. Por tal razão, dizem eles, o crocodilo nunca toca ninguém que navega nesse tipo de embarcação, como que temendo a cólera da deusa, ou senão respeitando, em razão de ele a ter transportado uma vez. A essa ocasião, portanto, deve-se atribuir o fato de haver tantos diferentes sepulcros de Osíris indicados no Egito; pois nos foi contado que em qualquer lugar que Ísis encontrasse algum dos membros espalhados de seu marido, ela o sepultava. Há outros, contudo, que contradizem essa relação, e nos contam que essa variedade de Sepulcros era devido, um pouco, ao bom senso da rainha que, em vez do corpo real, como era fingido, presenteou essas muitas cidades apenas com a imagem de seu marido: e que ela fez isso, não apenas para render honras, que seriam dessa forma pagas à sua memória, mais extensas, mas também para poder assim evitar a maliciosa procura de Tífon; o qual, se teve o melhor de Orus na guerra e por isso iam ser engajados, distraídos pela multiplicidade de Sepulcros, as esperanças de ser capaz de encontrar o verdadeiro. Fomos informados, além disso, de que, apesar de toda a sua busca, Ísis nunca foi capaz de recuperar o membro de Osíris, que, tendo sido jogado no Nilo imediatamente após sua separação do resto do corpo, teria sido devorado pelo Lepidotus, o Phagrus e o Oxyrynchus, peixe que, entre todos os outros, por essa razão, os egípcios fazem questão de evitar. A fim, contudo, de atenuar a perda, Ísis consagrou o

Phallus feito para ser uma imitação dele, e instituiu um festival solene à sua memória, que é sempre por esses dias observada pelos egípcios.

Ilustração 10 - O rei entregando o Tet para Ísis. Do baixo-relevo em Abidos.

"Depois disso, Osíris, retornando do outro mundo, apareceu para o seu filho Orus, encorajou-o à batalha e ao mesmo tempo o instruiu no exercício das armas. Ele então lhe perguntou o que pensava que era a mais gloriosa ação que um homem poderia desempenhar, ao que Orus respondeu: 'Vingar as injúrias feitas ao seu pai e mãe!' Ele então lhe perguntou que animal pensava ser mais útil para um soldado', e foi respondido: 'Um cavalo';

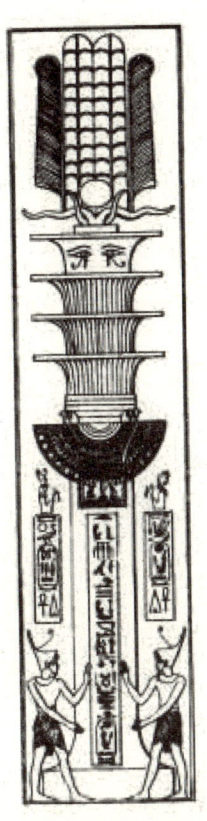

Ilustração 11 - O Tet de Osíris, com plumas, chifres, disco, couraça e peitoral do deus. Do baixo-relevo em Abidos.

isso aumentou a admiração de Osíris, tanto que ele além disso lhe perguntou por que preferiu um cavalo a um leão. 'Porque, adiciona Orus, apesar de o leão ser a mais útil criatura para quem encontra-se na necessidade de ajuda, é o cavalo[49] mais útil em alcançar e interceptar um adversário voador!' Essas respostas muito alegraram Osíris, pois elas lhe mostraram que seu filho

---

49. Um filho do primeiro rei egípcio, que morreu com poucos anos de idade, veja Heródoto, ii.79.

estava suficientemente preparado para o seu inimigo. Nós fomos informados também de que entre os grandes números que foram continuamente desertando da facção de Tífon estava sua concubina, Thueris, e que uma serpente, perseguindo-a quando ela estava vindo para Orus, foi morta por seus soldados – a memória de cuja ação, dizem eles, está ainda preservada naquela corda que é arremessada no meio das assembleias, e então cortadas em pedaços – mais tarde aconteceu uma batalha entre eles que durou vários dias; mas a vitória, ao longo do tempo, se inclinou para Orus, tendo Tífon sido feito prisioneiro. Ísis, contudo, para quem a custódia foi entregue, estava longe de desejar sua morte, que ela mesma soltou seus laços e lhe deu a liberdade. Essa atitude de sua mãe irritou tão extremamente Orus, que ele pôs as mãos sobre ela e arrancou a insígnia de realeza que usava em sua cabeça; e, em vez disso, Hermes bateu em um elmo feito na figura de uma cabeça de boi. Depois disso, Tífon publicamente acusou Orus de bastardia; mas sob a assistência de Hermes (Thoth) sua legitimidade foi totalmente estabelecida pelo julgamento dos próprios Deuses. Depois disso, houve duas outras batalhas travadas entre eles, em ambas Tífon saiu perdendo. Além disso, Ísis, diz-se, acompanhou Osíris depois de sua morte, e em consequência disso deu à luz Harpócrates, que veio ao mundo antes de seu tempo, e apresentou defeitos em seus membros inferiores."

Quando examinamos essa história à luz dos resultados da interpretação dos hieróglifos, acreditamos que uma grande porção é substanciada pelos textos egípcios: como Osíris era o filho de Seb e Nut; o Epact é conhecido nos calendários como "os cinco dias adicionais do ano"; os cinco deuses – Osíris, Hórus, Seth, Ísis e Néftis – nasceram nos dias mencionados por Plutarco; o 17º. dia de Athyr (Hathor) é marcado como triplo azar nos Calendários; as derivações e perturbações são

Ilustração 12 - O Tet, do qual procede a "Vida" e um par de braços sustentando o disco solar. Do Papiro de Ani.

descritas, e "lamentações" que ela supostamente exprimiu são encontradas nos textos; listas dos santuários de Osíris e várias inscrições estão preservadas; a vingança de seu pai por Hórus é referida frequentemente em papiros e outros documentos; o conflito entre Seth e Hórus é descrito completamente em um papiro no Museu Britânico (nº. 10.184); um hino no Papiro de Hunefer relata tudo o que Thoth fez para Osíris; e a geração de Hórus por Osíris depois que a morte é mencionada em um hino para Osíris datado da XVIII dinastia na seguinte passagem:

"Sua irmã destinou seu poder protetor para você; ela espalhou pelo estrangeiro aqueles que eram seus inimigos, dirigiu para longe acidente ruim, pronunciou palavras fortes de poder, fez com que sua língua fosse habilidosa e suas palavras não falharam. A gloriosa Ísis era perfeita em comandar e discursar, e ela vingou seu irmão. Ela o procurou sem cessar, vagou pela terra do princípio ao fim emitindo choros de dor e não descansou (*ou* pousou) até que o tivesse encontrado. Ela lhe fez sombra com seu estado de espírito, fez ar (ou vento) com suas asas e emitiu choros no enterro de seu irmão. Ela levantou sua forma prostrada, cujo coração estava silencioso, tomou dele sua essência, concebeu e deu à luz uma criança, amamentou em segredo e ninguém soube o lugar em que isso aconteceu; e o braço da criança tem crescido forte na grande casa de Seb. O grupo dos deuses regozijou-se, e estão felizes na vinda do filho de Osíris, Hórus, e firme de coração e triunfante é o filho de Ísis, o herdeiro de Osíris."[50]

As formas que tomaram os detalhes da história de Osíris nas antigas dinastias é impossível dizer, e nós não sabemos se Osíris foi o deus da ressurreição para os pré-dinásticos ou pré-históricos, ou se aquele papel lhe foi atribuído depois que Mena começou a governar o Egito. Há, contudo, boa razão para assumir que, nos mais antigos tempos dinásticos, ele ocupou a posição de deus e juiz daqueles que haviam levantado da morte com sua ajuda, pois já na IV dinastia, em torno de 3800 a.C., o rei Men-kau-Rá (o Mycerinus dos gregos) é identificado com ele, e em seu caixão não apenas ele é chamado "Osíris, Rei do Sul e do Norte, Men-kau-Rá, vivo para sempre", mas a genealogia de Osíris é atribuída a ele, e afirma-se que ele havia "nascido do céu, cria de Nut, carne e ossos de Seb". É evidente

---

50. O cavalo não parece ter sido conhecido no Egito antes da XVIII dinastia; essa porção da versão de Plutarco da história de Osíris deve, então, ser posterior a 1500 a.C.

que os sacerdotes de Heliópolis "editaram" os textos religiosos copiados e multiplicados na congregação para seguir suas próprias visões, mas nos tempos antigos quando eles começaram seu trabalho, o culto a Osíris estava tão amplamente espalhado, e a crença nele como o deus da ressurreição tão profundamente

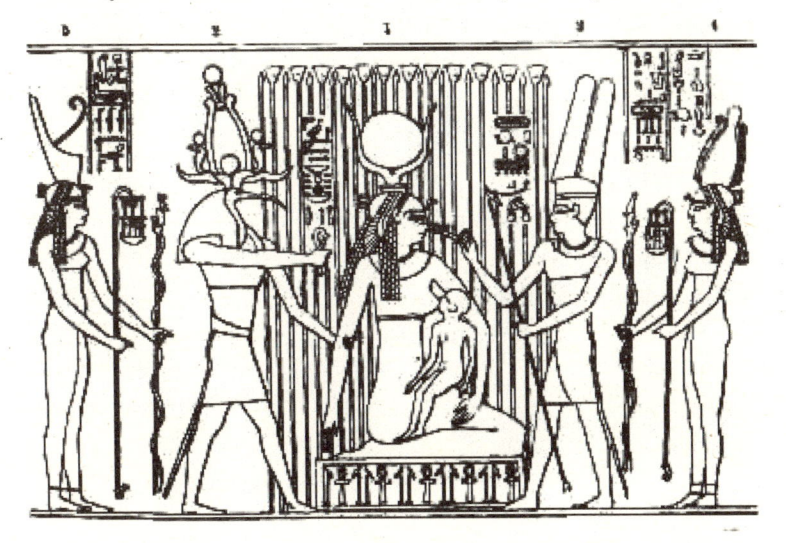

1. Ísis amamentando seu filho Hórus nos pântanos de papiros.
2. Thoth dando o emblema de proteção mágica para Ísis.
3. Amen-Rá presenteando Ísis com o símbolo da "vida".
4. A deusa Nekhebet presenteando com anos, vida, estabilidade, poder e soberania o filho de Osíris.
5. A deusa Sati presenteando com períodos de anos, vida, estabilidade, poder e soberania o filho de Osíris.

arraigada nos corações dos egípcios que, mesmo no sistema Heliopolitano de teologia, Osíris e seu ciclo, ou grupo de deuses, foram feitos para sustentar uma posição muito proeminente. Ele representava para os homens a ideia de um homem que era deus e homem, e ele representou para os egípcios em todas as idades o ser que, em razão de seus sofrimentos e morte como um homem, poderia simpatizar com eles em suas próprias doenças e morte. A ideia de sua personalidade humana também safisfez seus desejos e anseios para comunicar-se com um ser que, embora fosse em parte divino, ainda tinha muito em comum com eles próprios. Originalmente eles olharam para Osíris como um homem que viveu na terra como eles viviam, que comeu e

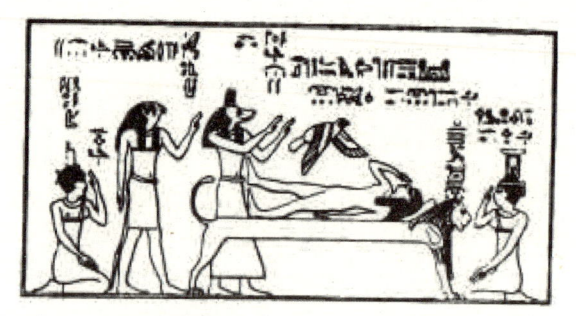

Ilustração 14 - Osíris Hemka criando um filho por Ísis, que plana sobre ele na forma de falcão. Anúbis, Hórus, Néftis e Shentit estão presentes. Mariette, Dendérah, IV, 90.

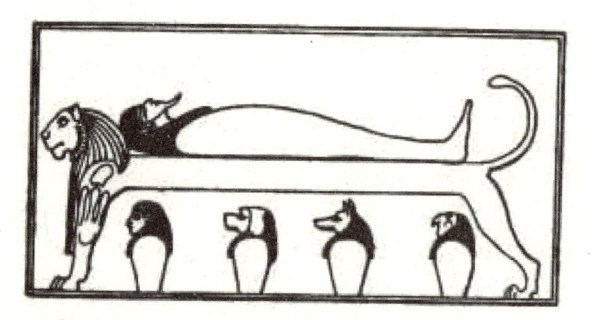

Ilustração 15 - Osíris em seu ataúde sob o qual há vasos contendo seus intestinos. Mariette, Dendérah, IV, 90.

bebeu, que sofreu uma morte cruel, que pela ajuda de alguns deuses triunfou sobre a morte e alcançou a vida eterna. Mas o que Osíris fez, eles poderiam fazer, e o que os deuses fizeram por Osíris precisam também fazer por eles, e como os deuses realizaram sua ressurreição, da mesma forma eles precisam realizar a deles, e como eles fizeram dele o governante do outro mundo então eles precisam fazê-los entrar em seu reino e viver lá tanto quanto o próprio deus viver. Osíris, em alguns de seus aspectos, foi identificado com o Nilo, com Rá e com muitos outros "deuses" conhecidos dos egípcios, mas era aspecto como deus da ressurreição e da vida eterna que ele apelou para os homens no Vale do Nilo; e por milhares de anos homens e mulheres morreram acreditando que, porquanto tudo o que foi feito para Osíris seria feito para eles simbolicamente, como ele, iriam levantar novamente e herdar a vida eterna. Por mais que no passado tenhamos traçado as ideias religiosas no Egito, nunca abordamos um tempo no qual pudesse ser dito não ter existido ali uma crença na ressurreição; para todo lugar é assumido que Osíris levantou da morte; céticos devem ter existido, e eles provavelmente perguntaram aos seus sacerdotes o que os coríntios perguntaram a São Paulo: "Como são os mortos elevados? E com que corpo eles vêm?" Mas, além da dúvida, a crença na ressurreição foi aceita pelas classes dominantes do Egito. As cerimônias que os egípcios fizeram com a intenção de assistir os mortos a passar a provação do julgamento, e sobrepujar seus inimigos no próximo mundo, serão descritas em outro lugar, como também a forma na qual o morto foi posto em pé; nós, portanto, voltamos à história teológica de Osíris.

    O centro e morada do culto de Osíris no Egito sob as antigas dinastias foi Abidos, onde supostamente a cabeça foi sepultada. Isso difundiu-se para o Norte e Sul no curso do tempo, e algumas cidades grandes clamaram possuir um ou outro membro de seu corpo. Os vários episódios na vida do deus foram transformados em temas de representações solenes no templo e aos poucos a realização dos cultos obrigatórios ou facultativos relacionados a esses episódios passou a ocupar, em alguns templos, a maior parte do tempo dos sacerdotes. As ideias originais referentes ao deus foram esquecidas e outras novas germinaram; de ser um *exemplo* de um homem que havia levantado da morte e alcançado a vida eterna, ele tornou-se a *causa* da ressurreição da morte; e o poder de conceder a vida eterna aos mortais foi transferido dos deuses para ele. O desmembramento alegado de Osíris foi esquecido no fato de que ele habitava em um corpo perfeito no outro mundo, e que, se foi desmembrado ou não, havia tornado-se depois de sua morte o pai de Hórus por Ísis. Tão antigo quanto a XII dinastia, em torno de 2500 a.C., o culto desse deus havia tornado-se quase universal, e milhares de anos mais tarde Osíris havia tornado-se um tipo de deus nacional. Os atributos dos grandes deuses cósmicos lhe foram imputados, e ele apareceu ao homem não apenas como um deus e juiz dos mortos, mas também como o criador do mundo e de todas as coisas que nele existem. Ele que era o filho de Rá, tornou-se igual ao seu pai, e tomou seu lugar ao lado dele no céu. Temos uma prova interessante da identificação de Osíris com Rá no capítulo XVII do *Livro dos Mortos*. Lembramos que esse Capítulo consiste de uma série do que quase pode ser chamado de artigos de fé, cada um dos quais é seguido por uma ou mais explicações que representam uma ou mais opiniões bem diferentes; o capítulo também é acompanhado de uma série de vinhetas. Na linha 110 é dito: "Eu sou a alma que habita nos dois *tchafi*[51]. O que são esses homens? É Osíris quando ele vai a Tattu (como Busiris) e encontra lá a alma de Rá; lá o deus único abraça o outro, e as almas vêm à existência com os dois *tchafi*". Na vinheta que ilustra essa passagem, as almas de Rá e Osíris são vistas nas formas de falcões em pé em uma torre e encarando um ao outro em Tattu; o primeiro tem em sua cabeça um disco, e o último, cabeça humana, e coroa branca. É

---

51. Esse notável hino foi primeiramente divulgado por Chabas, que publicou sua tradução, com notas, em *Revue Archéologique*, Paris, 1857, t. xiv. p. 65 ff.

um fato notável que mesmo em seu encontro com Rá a alma de Osíris preserva a face humana, o sinal de sua afinidade com o homem. Agora Osíris tornou-se não apenas o igual a Rá, mas, em vários sentidos, um deus maior que ele. É mencionado que das narinas da cabeça de Osíris, que foi enterrada em Abidos, saíram os *scarabaeus*[52], que eram, ao mesmo tempo, o emblema e tipo de deus Khepera, que motivaram todas as coisas a vir à existência, e da ressurreição.

Dessa maneira, Osíris tornou-se a fonte e origem dos deuses, homens e coisas, e a humanidade do deus foi esquecida. O próximo passo era atribuir a eles os atributos de Deus, e na XVIII e XIX dinastias ele parece ter disputado a soberania dos três grupos de deuses, isto é, da trindade das trindades das trindades[53], com Amen-Rá, que naquele momento era geralmente chamado o "rei dos deuses". As ideias sustentadas no que concerne a Osíris nesse período serão mais bem julgadas pelos seguintes extratos de hinos contemporâneos:

"Glória[54] a ti, Ó! Osíris, Un-nefer, o grande deus dentro de Abtu (Abidos), rei da eternidade, senhor da eternidade, que passou por milhões de anos em tua existência. O filho mais velho do ventre de Nut, engendrado por Seb, o Antepassado [dos deuses], senhor das coroas do Sul e do Norte, senhor da sublime coroa branca; como príncipe dos deuses e dos homens ele tem recebido o cajado e o chicote, e a dignidade de seus divinos pais. Deixa teu coração, que habita na montanha de Ament, ficar contente, pois teu filho Hórus está estabelecido no teu trono. Tu estás coroado senhor de Tattu (Busiris) e governante em Abidos."

---

52. *Isto é*, as almas de Osíris e Rá.
53. Veja: Von Bergmann em *Aeg. Zeitschrift (*Revista *Aeg.)*, 1880, p. 88 ff.
54. Cada grupo dos deuses continha três trindades ou tríades.

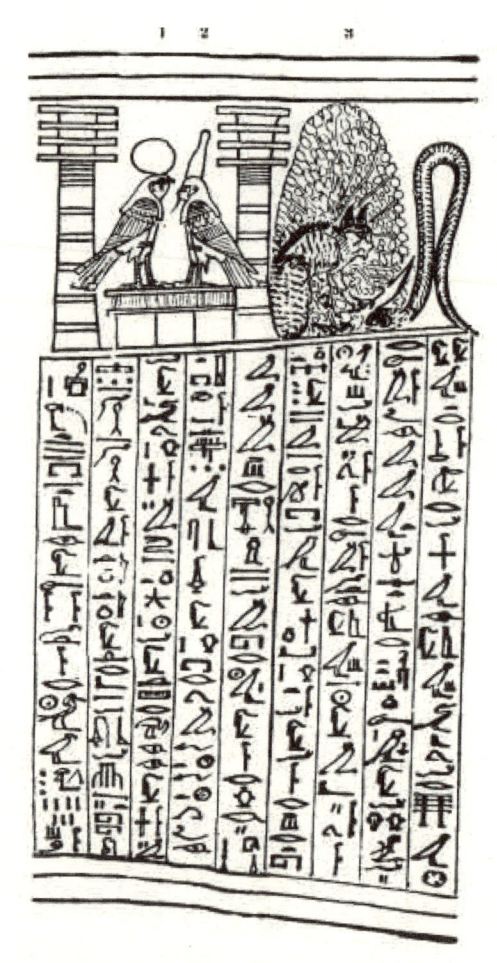

Ilustração 16 - A alma de Rá (1) encontrando a alma de Osíris (2) em Tattu. O gato (isto é, Rá) ao lado da árvore de persea (3) cortando a cabeça da serpente que representou a noite.

"Louvado[55] sejas tu, Ó! Osíris, senhor da eternidade, Un-nefer, Heru-Khuti (Harmachis) cujas formas são múltiplos, e cujos atributos são excelentes, que são Ptah-Seker-Tem em

---

55. Veja *O capítulo para o surgimento durante o dia* (tradução), p. 11.

Ilustração 17 - Hórus e seus quatro filhos, cada um armado com uma faca, em pé diante de Osíris e Serapis. O homem com cabeça de animal, com facas cravadas em seu corpo e amarrado por seus braços a uma vara bifurcada, representa Seth ou Tífon, subjugado.

Annu (Heliópolis), o senhor do lugar escondido, e o criador de Het-ka-Ptah (Mênfis) e dos deuses naquele lugar, o guia do outro mundo, que [os deuses] glorificam quando tu te puseste em Nut. Ísis abraça a ti em paz, e ela dirigiu para longe de teus caminhos os demônios de tua boca. Tu voltaste tua face para Amentet, e tu fazes a terra brilhar como cobre refinado. Os mortos se levantam para te ver, eles respiram o ar e procuram por tua face quando o disco levanta no horizonte; seus corações estão em paz, pois eles contemplam a ti, Ó! Tu que és eternidade e imortalidade."

No último extrato, Osíris é identificado com o grande deus de Heliópolis e Mênfis, onde santuários do Deus-Sol existiram em tempos quase pré-dinásticos, e finalmente ele mesmo é declarado ser "eternidade e imortalidade"; assim, as ideias de ressurreição e imortalidade são unidas no mesmo ser divino. Na ladainha que segue, o processo de identificação com os deuses é contínuo:

1. "Homenagem a ti, Ó! Tu que és divindade estelar em Annu, e os seres celestes em Kher-âba[56]; tu deus Unti[57], que és mais glorioso que os deuses que estão escondidos em Annu. Ó! Tu concedes a mim um caminho por onde eu possa passar em paz, já que sou justo e verdadeiro; eu não disse mentiras deliberadamente nem fiz nada com fraude."

2. "Homenagem a ti, Ó! An em Antes, Harmachis; tu andas com largos passos sobre o céu com longas passadas, Ó! Harmachis. Ó! Tu concedes para mim um caminho", etc.[58]

3. "Homenagem a ti, Ó! Alma da eternidade, tu Alma que habitas em Tattu, Un-nefer, filho de Nut; tu és senhor de Akert (isto é, o outro mundo). Ó! Tu concedes para mim um caminho", etc.

4. "Homenagem a ti em teu domínio sobre Tattu; o Ureret coroado é estabelecido em tua morte; tu és o Único que fazes a força que protege a ele mesmo, e tu habitas em paz em Tattu. Ó! Tu concedes para mim um caminho", etc.

5. "Homenagem a ti, Ó! Senhor da árvore da Acácia[59], o barco de Seker[60] é atacado em sua rota; tu repeliste o Demônio, trabalhador do Mal, e tu motivas o Utchat (isto é, o Olho de Hórus ou Rá), a descansar em seu lugar. Ó! Tu concedes para mim um caminho", etc.

---

56. *Ib.*, p. 34.
57. Um distrito próximo a Mênfis.
58. Um deus que anda à frente do barco do deus Af, segurando uma estrela em cada mão.
59. Essa súplica é apenas escrita uma vez, mas parece pretender-se repeti-la depois de cada uma das nove seções da ladainha.
60. Essa árvore estava em Heliópolis, e o Gato, *isto é*, o Sol, sentou-se perto dela.

6. "Homenagem a ti, Ó! Tu que és força em tua hora, tu grande e forte Príncipe, habitante em An-rut-f[61], senhor da eternidade e criador da imortalidade, tu és o senhor de Suten-henen (isto é, Heracleopolis Magna). Ó! Privilégio", etc.

7. "Homenagem a ti, Ó! Tu que descansas na Justiça e na Verdade tu és senhor de Abidos, e teus membros são juntados para Ta-tchesert (isto é, a Terra Sagrada, o outro mundo); tu és aquele para quem a fraude e a perfídia são odiosas. Ó! Privilégio", etc.

8. "Homenagem a ti, Ó! Tu que estás dentro de teu barco, tu dás origem a Hâpi (isto é, o Nilo) da fonte dele; a luz brilha em teu corpo, e tu és o habitante em Nekhen. Ó! concede", etc.

9. "Homenagem a ti, Ó! Criador dos deuses, tu rei do Sul e do Norte, Ó! Osíris, o vitorioso, governante do mundo em tuas graciosas estações; tu és o senhor do mundo celestial. Ó! Privilégio", etc.

E novamente: "Rá estabeleceu como Osíris com todos os diademas dos espíritos divinos e dos deuses de Amentet. Ele é a forma divina, aquele que está escondido do Tuat, a Alma sagrada no coração de Amentet, Un-nefer, cuja duração da vida é para todo o sempre.[62"]

Nós já nos referimos à ajuda que Thoth deu a Ísis quando ele lhe forneceu as palavras que determinaram ao seu marido morto viver novamente, mas o melhor resumo das boas proezas que esse deus forjou para Osíris está contida em um hino no *Papiro de Hunefer*[63] , onde o finado diz: "Eu vim a ti, Ó! Filho

---
61. A cerimônia de colocação do barco de Seker em sua rota foi executada no amanhecer.
62. O lugar onde nada germina – o outro mundo.
63. Veja *O capítulo para o surgimento durante o dia*, p. 334.

de Nut, Osíris, Príncipe da eternidade; eu estou seguindo o deus Thoth, e eu me regozijei com tudo o que ele fez para ti. Ele trouxe o delicioso ar para dentro das narinas, e a vida e a força para tua bela face; e o vento do norte que sai de Temu para tuas narinas, Ó! Senhor de Ta-tchesert. Ele fez o deus Shu brilhar sobre teu corpo; ele iluminou teu caminho com os raios de luz; destruiu para ti as faltas e defeitos de teus membros pelo poder mágico das palavras de sua boca; fez Seth e Hórus estarem em paz em tua consideração; ele destruiu o vento da tempestade e o furacão; fez os dois combatentes (isto é, Seth e Hórus) serem afáveis contigo e as duas terras ficarem em paz na sua presença; pôs fora a cólera que estava nos seus corações e cada um se reconciliou com seu irmão (isto é, ti mesmo).

"Teu filho Hórus está triunfante na presença da repleta assembleia de deuses, a soberania sobre o mundo lhe foi dada e seu domínio se estende às mais absolutas partes da terra. O trono do deus Seb foi adaptado para ele, junto com a condição que foi criada pelo deus Temu, e que foi estabelecida pelos decretos [feitos] na Câmara dos Arquivos, e foi inscrito em uma placa de ferro de acordo com o comando de teu pai Ptah-Tanen quando ele se assentou no grande trono. Ele colocou seu irmão naquilo que o deus Shu resiste (*isto é*, os céus), para estender-se para fora das águas sobre as montanhas, e fazer brotar aquilo que germinou nas colinas, e o grão (?) que lançou na terra, e assim aumentar pela água e pela terra. Deuses celestiais e deuses terrenos se transferem a si mesmos para o serviço de teu filho Hórus, e o seguem para dentro do seu tribunal [onde] um decreto é passado, o qual será senhor sobre eles, e eles fazem [sua vontade] sem demora.

"Deixe o coração se regozijar, Ó! Senhor dos deuses, deixa teu coração se regozijar grandemente; o Egito e a Terra Vermelha estão em paz, e eles servem humildemente sob teu poder soberano. Os templos estão estabelecidos em suas próprias terras, cidades e os *nomes* possuem seguramente os bens que eles têm em seus nomes, e nós faremos para ti as oferendas divinas que somos obrigados a fazer, e ofereceremos sacrifícios em teu nome para sempre.

Aclamações são feitas em teu nome, libações são derramadas para teu KA, e refeições sepulcrais [são trazidas para ti] pelos espíritos que estão te seguindo, e água é borrifada... em cada lado das almas dos mortos nesta terra. Todo plano para ti que foi decretado pelos comandos de Rá desde o começo tem sido perfeito. Agora por esse motivo, Ó! Filho de Nut, tu estás coroado como Neb-er-teber está coroado em sua elevação. Tu vives, tu és estabelecido, tu renovas tua juventude, e tu és verdadeiro e perfeito; teu pai Rá torna fortes teus membros, e o grupo dos deuses faz aclamações para ti. A deusa Ísis está contigo e ela nunca te deixa; [tu não és] deposto por teus inimigos. Os senhores de todas as terras louvam tuas belezas, mesmo quando eles louvam Rá quando ele levanta no início de cada dia. Tu te levantas como um ser exaltado em teu pedestal, tuas belezas estimulam a face [do homem] e tornam longos os [seus] passos. A soberania de teu pai Seb foi dada a ti, e a deusa Nut, tua mãe, que deu nascimento aos deuses, te deu à luz como o primogênito de cinco deuses, e criou tuas belezas e modelou teus membros. Tu te estabeleceste como rei, a coroa branca está sobre a tua cabeça e tu seguraste em tuas mãos o cajado e o chicote; enquanto tu estavas no ventre, e não tinha, como agora, saído de lá sobre a terra, tu foste coroado senhor das duas terras, e o 'Atef' coroa de Rá estava sobre teu semblante. Os deuses vêm para ti curvando-se ao chão, e eles te seguram com medo; eles se retiram e se afastam quando veem a ti com o terror de Rá, e a vitória de tua Majestade está em seus corações. A vida está contigo, e oferendas de carne, comida e bebida te seguem, e aquilo que te é devido é oferecido diante de tua face".

Em um parágrafo de outro hino[64] um tanto similar, outros aspectos de Osíris são descritos, e depois as palavras: "Homenagem a ti, Ó! Governador daqueles que estão em Amentet", ele

Ilustração 18 - Osíris em seu túmulo fechado, acompanhado por Ísis e seus quatro netos. Do Papiro de Ani.

é chamado de o ser que "dá origem aos homens e mulheres uma segunda vez"[65], *isto é*, "que faz os mortais nascerem novamente".

---
64. Ib., p. 343.
65. Veja *O capítulo para o surgimento durante o dia*, p. 342.

Como todo o parágrafo se refere a Osíris "renovando a ele mesmo", e ao ato de criar a ele mesmo "jovem como para Rá cada e todo dia", aí não pode haver dúvida de que a ressurreição dos mortos, ou seja, seu nascimento para uma nova vida, é o que o autor quer dizer com o segundo nascimento dos homens e mulheres. Dessa passagem também nós podemos ver que

Ilustração 19 - Thoth e Hórus prendendo juntos os tronos de Osíris, Ísis e Néftis. Mariette, Abidos, Vol. I, lâmina 31.

Osíris se tornou o igual de Rá, e que ele passou de ser o deus dos mortos para ser o deus dos vivos. Além disso, no tempo em que esses extratos foram copiados, Osíris não presumia-se que apenas a posição que Rá anteriormente dominava, mas que seu filho Hórus, que foi criado depois de sua morte, foi, em virtude de sua vitória sobre Seth, admitido como o herdeiro e sucessor de Osíris. E ele não apenas sucedeu à "condição e dignidade" de seu pai Osíris, mas em seu aspecto de "vingador de seu pai", ele gradualmente adquiriu a posição peculiar de intermediário e intercessor em nome dos filhos dos homens. Assim, na Cena do Julgamento ele guia os finados à presença de Osíris e faz um apelo a seu pai para que aos finados seja permitido desfrutar dos benefícios de que gozam aqueles que têm "voz verdadeira" e são legitimados no julgamento. Tal apelo, dirigido a Osíris na presença de Ísis, do filho nascido sob tais circunstâncias notáveis era, de acordo com o que os egípcios pensavam, seguramente aceito; e o filho de um pai, cujo corpo foi criado depois da morte, era naturalmente o melhor advogado para os finados.

Mas, embora tais ideias exaltadas de Osíris e sua posição entre os deuses existissem de forma generalizada no Egito durante a XVIII dinastia (por volta de 1600 a.C.), há evidências de que alguns acreditavam que, a despeito de toda precaução, o corpo apodrece e que era necessário fazer um apelo especial para Osíris se esse medonho resultado tinha de ser evitado. A notável prece que segue foi primeiramente encontrada inscrita na faixa de linho que envolveu a múmia de Thothmes III, mas, desde aquele tempo, o texto escrito em hieróglifos foi encontrado inscrito no *Papiro de Nu*[66], e pode, é claro, ser encontrado também no recente papiro preservado em Turim, que o Dr. Lepsius publicou em 1842. Esse texto, que é agora conhecido geralmente como Capítulo CLIV do *Livro dos Mortos*, é intitulado "O capítulo de não deixar o corpo sucumbir". O texto começa da seguinte maneira:

"Homenagem a ti, Ó! Meu divino pai Osíris! Eu vim a ti, aquele que tu embalsamarás, sim, embalsamar esses meus membros, pois eu não iria sucumbir e chegar a um fim, [mas iria] mesmo como meu divino pai Khepera, o seu divino tipo que nunca viu corrupção. Vem, então, e faz-me ter o domínio sobre a minha respiração, Ó! Tu senhor dos ventos, que engrandece

---

66. As palavras são *mes tememu em nem*.

aqueles seres divinos que são como ti mesmo. Estabelece tu a mim, então, e fortalece-me, Ó! Senhor da arca fúnebre. Concede tu que eu possa entrar na terra da eternidade, da mesma forma que isso foi concedido a ti, e a teu pai Temu, Ó! Tu cujo corpo não viu corrupção, e que tu mesmo nunca viste corrupção. Eu nunca me ocupei daquilo que tu odeias, e negas, eu proferi aclamações com aqueles que têm amado a ti KA (ao teu KA). Não deixes que meu corpo seja comido pelos vermes, mas salva-me [deles] da mesma forma que tu salvaste a ti mesmo. Eu suplico a ti, não me deixes cair na podridão como tu deixas todo deus, e toda deusa, e todo animal, e todo réptil ver a corrupção quando a alma se saiu deles depois de suas mortes. Pois quando a alma parte, um homem vê a corrupção, e os ossos de seu corpo apodrecem e tornam-se inteiramente repugnantes, os membros decaem estroçando-se em farinha grossa, os ossos esfarelam em uma massa inerte, a carne transforma-se em líquido fétido e ele torna-se um irmão para a decadência que o assola. E ele transforma-se em um hospedeiro de vermes, e ele torna-se uma massa de vermes, e um fim é feito dele, e ele sucumbe na visão do deus Shu assim como faz todo deus, e toda deusa, e toda ave emplumada, e todo peixe, e toda coisa rastejante, e todo réptil, e todo animal, e tudo seja o que for. Quando os vermes virem-me e conhecerem-me, deixa-os cair suas beligerâncias, e deixa o medo por mim os aterrorizar; e deixa ser assim com toda criatura depois da [minha] morte, se for animal, ou pássaro, ou peixe, ou verme, ou réptil. E deixa a vida surgir da morte. Não deixes a deterioração causada por algum réptil consumir [a mim], e não os deixe vir contra mim em suas variadas formas. Não me entregues tu àquela matança que habita em sua câmara de torturas (?), que mata os membros do meu corpo e os faz apodrecer, que maneja a destruição sobre muitos corpos de mortos, enquanto ele próprio permanece escondido e vive da matança; deixa-me viver e executar sua mensagem e deixa-me fazer aquilo que é comandado por ele. Não me cesses em seus dedos e não o deixes ganhar domínio sobre mim, pois eu estou sob teu comando, Ó! Senhor dos deuses. Homenagem a ti, Ó! Meu divino pai Osíris, tu tens teu ser com teus membros. Tu não apodreceste, tu não te tornaste vermes, tu não diminuíste, tu não te tornaste corrupção, tu não te putrefizeste, e tu não te tornaste vermes."

O finado, então, identificando a si mesmo com Khepera, o deus que criou Osíris e seu grupo de deuses, diz:

"Eu sou o deus Khepera, e meus membros terão uma existência eterna. Eu não decairei, eu não apodrecerei, eu não putrefarei, eu não me entregarei aos vermes e não verei a corrupção sob os olhos do deus Shu. Eu terei minha existência, eu terei minha existência; eu viverei, eu viverei; eu germinarei, eu germinarei, eu germinarei; eu acordarei em paz. Eu não putrefarei; minhas entranhas não sucumbirão; eu não sofrerei danos; meus olhos não decairão; a forma da minha fisionomia não desaparecerá; meu ouvido não se tornará surdo; minha cabeça não será separada de meu pescoço; minha língua não será levada embora; meu cabelo não será cortado; minhas sobrancelhas não serão arrancadas e nenhum dano funesto acontecerá a mim. Meu corpo será estabilizado, e ele nem desmoronará em ruínas, nem será destruído nesta terra."

Julgando essas passagens como mostradas anteriormente, nós podemos pensar que por certo os egípcios esperavam uma ressurreição do corpo físico, e a menção dos vários membros do corpo parece assegurar essa visão. Mas o corpo daquele para quem a incorrupção e imortalidade são tão fortemente declaradas é o SÂHU, ou corpo espiritual, que veio à existência para fora do corpo físico, que havia se transformado por meio das preces recitadas e das cerimônias que foram feitas no dia do funeral, ou naquele em que ele estava prostrado na sepultura.

É interessante notar que nenhuma menção é feita a comida ou bebida no Capítulo CLIV, e a única coisa a que o finado se refere como necessária para sua existência é o ar, que ele obtém por meio do deus Temu, que é sempre representado em forma humana; o deus é aqui mencionado em seu aspecto de Sol da noite, como oposto a Rá o Sol do dia, e uma comparação da morte diária do Sol com a morte do finado é feita intencionalmente. O depósito da cabeça do Homem-deus Osíris em Abidos já foi mencionado, e a crença de que ela estava preservada ali era comum em todas as partes do Egito. Mas no texto citado anteriormente o finado diz: "Minha cabeça não será separada do meu pescoço", que parece indicar que ele desejou manter seu corpo inteiro, a despeito de Osíris ser onipotente, e poder restaurar os membros e reconstituir o corpo, da mesma forma que ele havia feito por seus próprios membros e corpo que haviam sido cortados em pedaços por Seth. O Capítulo XLIII do *Livro dos Mortos*[67] também tem uma referência importante à cabeça de Osíris. É intitulado "O capítulo para não permitir que a cabeça de um homem seja decepada no outro mundo", e deve ser de antiguidade considerável. Nele, o finado diz: "Eu sou o Grande, o filho do Grande; eu sou Fogo, e o filho do Fogo, aquele a quem foi dada sua cabeça depois que ela foi cortada. A cabeça de Osíris não foi levada para longe dele, não deixe a cabeça do finado ser levada para longe; eu reconstituí a mim mesmo; eu fiz a mim mesmo todo e completo; eu renovei minha juventude; eu sou Osíris, o senhor da eternidade".

Do que está acima, poderia parecer que, de acordo com uma versão da história de Osíris, sua cabeça não foi apenas cortada, mas que ela passou pelo fogo também; e se essa versão é muito antiga, como ela provavelmente é, leva-nos de volta aos

---

67. Museu Britânico, n.º 10.477, folha 18. Publiquei o texto em meu *O capítulo para o surgimento durante o dia*, págs. 398-402.

tempos pré-históricos no Egito, quando os corpos dos mortos eram mutilados e queimados. O professor Wiedemann pensa[68] que a mutilação e o rompimento dos corpos dos mortos eram os resultados da crença de que na intenção de fazer o KA, ou "cópia", deixar esta terra, o corpo ao qual ele pertenceu deve ser rompido, e ele ilustra o fato de que objetos de todo tipo eram quebrados no momento em que eles eram colocados nas sepulturas. Ele traça também um costume transitório nos cemitérios pré-históricos do Egito, onde os métodos de enterrar o corpo todo e quebrado em pedaços parece ser misturado, pois embora em alguns deles o corpo tenha sido quebrado em pedaços, é evidente que tentativas bem-sucedidas foram feitas para reconstituir isso através da disposição dos pedaços o mais longe possível em seus próprios lugares. E pode ser esse o costume que é citado em vários lugares no *Livro dos Mortos*, quando o finado declara que ele coletou seus membros "e fez de seu corpo inteiro novamente", e já na V dinastia, o Rei Teta discursava assim: "Levanta, Ó! Tu Teta! Tu recebeste tua cabeça, tu colocaste juntos teus ossos[69] tu coletaste teus membros".

A história de Osíris, o deus da ressurreição, foi traçada dos tempos mais antigos ao fim do período do domínio dos sacerdotes de Amen (em torno de 900 a.C.), tempo em que Amen-Rá esteve entre os deuses do outro mundo, e súplicas foram feitas, em alguns casos, para eles em vez de para Osíris. Desse tempo em diante, Amen manteve essa posição exaltada, e no período ptolemaico, em um discurso para o finado Kerâsher, nós lemos: "Tua face brilha diante de Rá, tua alma vive diante de Amen e teu corpo é renovado diante de Osíris". E novamente é dito: "Amen está perto de ti para fazer-te viver novamente... Amen vem a ti tendo a respiração da vida, e ele o motiva a soltar sua

---

68. Veja *O capítulo para o surgimento durante o dia*, pág. 98.
69. Veja J. do Morgan, *Ethnograpie Préhistorique* (Etnografia Pré-histórica), pág. 210.

respiração dentro de teu lar fúnebre". Mas, a despeito disso, Osíris conquistou e manteve o mais alto lugar nas mentes dos egípcios, do primeiro ao último, como o Homem-deus, o ser que era tanto divino como humano; e nenhuma invasão estrangeira, e nenhum distúrbio religioso ou político, e nenhuma influência que quaisquer povos exteriores pudessem trazer, relacionado com eles, tiveram êxito em fazê-los estimar o deus em detrimento da causa, símbolo e tipo da ressurreição, e da vida eterna. Por cerca de cinco milhares de anos os homens foram mumificados como imitação da forma mumificada de Osíris; e eles foram para suas sepulturas acreditando que seus corpos iriam conquistar os poderes da morte, e da sepultura e da deterioração, porque Osíris os havia derrotado; e eles tiveram certa esperança na ressurreição em um corpo imortal, eterno e espiritual, porque Osíris se havia levantado em um – corpo espiritual transformado, e havia ascendido ao céu, onde ele havia se tornado o parente – e o juiz dos mortos, e havia alcançado a vida eterna naquele lugar.

A principal razão para a persistência do culto de Osíris no Egito foi, provavelmente, o fato de que ele prometia ressurreição e vida eterna a seus seguidores. Mesmo depois que os egípcios abraçaram o Cristianismo, eles continuaram a mumificar seus mortos, e por muito tempo depois eles continuaram misturando os atributos de seu Deus e dos "deuses" com aqueles do Deus Onipotente e Cristo. Os egípcios por sua própria vontade nunca abandonaram a crença de que o corpo precisa ser mumificado para assegurar a vida eterna ao morto, mas os cristãos, pregando contudo a mesma doutrina da ressurreição como os egípcios, foram um passo adiante, e insistiram que não havia necessidade de mumificar os mortos. Santo Antônio (St. Anthony), o Grande, implorou a seus seguidores para não embalsamar seu corpo e mantê-lo em uma casa, mas para enterrá-lo e para não contar a nenhum homem onde ele havia sido enterrado, para que aqueles que o amassem não viessem, o puxassem e o mumificassem como eles estavam acostumados a fazer aos corpos daqueles que julgavam santos. "Por muito tempo", ele disse, "eu roguei aos bispos e sacerdotes a aconselharem o povo a não continuar observando esse costume inútil"; e no que diz respeito a seu próprio corpo, ele diz: "Na ressurreição dos mortos eu receberei o Salvador incorruptível".[70] A difusão dessa ideia deu à arte da mumificação seu golpe mortal, e apesar que do inato conservadorismo, e das lembranças de terem os corpos reais de seus entes queridos perto deles, os egípcios continuaram por um tempo a preservar seus mortos como antes, ainda que pouco a pouco as razões para a mumificação fossem esquecidas, e o conhecimento da arte morrido, as cerimônias fúnebres foram encurtadas, as preces tornaram-se carta do morto, e o costume de fazer múmias tornou-se obsoleto. Com a morte da arte morreu também a crença e o culto de Osíris, que de ser o deus dos mortos tornou-se um deus morto, e para os cristãos do Egito, pelo menos, seu lugar foi preenchido por Cristo, "suas primícias que dormiram", cuja ressurreição e poder para conceder vida eterna estavam sendo pregados naquele tempo por toda a parte do mundo conhecido. Em Osíris, os egípcios cristãos encontraram o protótipo do Cristo, e nas pinturas e estátuas de Ísis amamentando seu filho Hórus perceberam os protótipos da Virgem Maria e seu Filho. Nunca a cristandade encontrou em algum outro lugar do mundo um povo cujas mentes foram tão cuidadosamente bem preparadas para receber suas doutrinas como os egípcios.

 Este capítulo pode ser apropriadamente terminado por uns poucos extratos das *Canções de Ísis e Néftis*, que eram cantadas no Templo de Amen-Rá em Tebas por duas sacerdotisas que personificavam as duas deusas[71].

"

---

70. *Recueil de Travaux*, tom v, pág. 40 (1.287).
71. Veja Rosweyde, *Vitae Patrum*, pág. 59; *Life of St. Anthony*, por Athanasius (Migne), *Patrologiae*, Ser. Graec. tom. 26, col. 972.

Salve! Tu senhor do outro mundo, tu Touro daqueles que estão nesse lugar, tu Imagem de Rá-Harmachis, tu Bebê de aparência bela, vem tu para nós em paz. Tu repeliste tuas desgraças, tu afastaste o acaso; Senhor, vem a nós em paz. Ó! Un-nefer, senhor do alimento, tu principal, tu que tens excessiva majestade, tu Deus, presidente dos deuses, quando tu inundas a terra [toda] as coisas são engendradas. Tu és mais distinto que os deuses. As emanações de teu corpo fazem os mortos e os vivos viverem, Ó! Tu senhor do alimento, tu príncipe das verdes ervas, tu poderoso senhor, tu provedor da vida, tu que dás oferendas aos deuses e refeições sepulcrais para os mortos abençoados. Tua alma voa atrás de Rá, tu brilhas no amanhecer, tu te pões no crepúsculo, tu te levantas todo dia; tu levantarás na mão esquerda de Atmu para todo o sempre. Tu és o único glorioso, o vigário de Rá; o grupo dos deuses vem a ti evocando tua face, cuja a chama atingiu seus inimigos. Nós nos regozijamos quando tu reúnes teus ossos, e quando tu fazes todo o teu corpo diariamente. Anúbis vem a ti, e as duas irmãs (*isto é*, Ísis e Néftis) vêm a ti. Eles têm obtido belas coisas para ti, e eles juntam seus membros e procuram juntar os membros mutilados de teu corpo. Limpa as impurezas que estão em seu cabelo e vem para nós não tendo recordação daquele que causou sofrimento a ti. Vem tu em teu atributo de 'Príncipe da terra', fica à parte tua inclinação e fica em paz conosco, Ó! Senhor. Tu serás proclamado herdeiro do mundo, e o Único deus, e o realizador dos desígnios dos deuses. Todos os deuses invocam a ti, vem por esse motivo em teu templo e não tenha medo. Ó! Rá (*isto é*, Osíris), tu és bem-amado de Ísis e Néftis; descansa em tua habitação para sempre."

Capítulo III

Os "Deuses" dos Egípcios

Em todo este livro temos nos referido frequentemente aos "deuses" do Egito; agora é tempo de explicar quem e o que eles eram. Já mostramos que o lado monoteísta da religião egípcia se parece com aquele das nações cristãs modernas, e terá vindo como uma surpresa para algumas pessoas o fato de que um povo, possuindo tais ideias exaltadas de Deus como os egípcios, nunca poderia ter se tornado objeto de provérbio, já que eles se tornaram diretos por causa de seu pretenso culto de uma multidão de "deuses" em várias formas. É bem verdade que os egípcios prestaram honras a muitos deuses, um número tão grande que a simples lista de seus nomes poderia encher um volume, mas é igualmente verdade que as classes cultas no Egito em todos os tempos nunca colocaram os "deuses" no mesmo nível de Deus, e eles nunca imaginaram que suas visões sobre isso poderiam ser tomadas por engano. Nos tempos pré-históricos, toda pequena aldeia ou cidade, todo distrito e província e toda grande cidade tinham seu próprio deus particular; nós podemos ir um passo adiante e dizer que toda família de alguma riqueza e boa condição social tinha seu próprio deus. A família rica selecionava alguém para assistir o seu deus e administrar suas vontades, e a família pobre contribuía, de acordo com seus recursos, com um fundo comum para prover uma residência para o deus e vestimentas, etc. Mas o deus era parte integral da família, rica ou pobre, e seu destino era praticamente encerrado com o da família. A ruína da família incluía a do deus, e os tempos de prosperidade resultavam em oferendas abundantes, novas vestimentas, talvez um novo santuário e coisas parecidas. O deus da aldeia, apesar de ser mais importante, pode ser induzido ao cativeiro junto com o povo, mas a vitória de seus seguidores em um ataque surpresa ou luta motivava honras prestadas a ele para que sua reputação fosse aumentada e realçada.

Os deuses das províncias ou de grandes cidades eram, é claro, maiores que os das aldeias e os reservados às famílias, e nas maiores casas consagradas a eles, como os templos, um considerável número, representados por estátuas, seria encontrado. Algumas vezes os atributos de um deus seriam atribuídos a outro, outras ocasiões dois ou mais deuses seriam "fundidos" ou unidos e formavam um, algumas vezes, deuses eram importados de aldeias remotas e cidades, e mesmo de países estrangeiros, e ocasionalmente a comunidade ou cidade iria repudiar seu deus ou deuses, e adotar uma marca nova lançada por algum distrito das vizinhanças. Assim, o número de deuses estava sempre mudando, e a posição relativa de deuses individuais variava; um obscuro e quase desconhecido deus local hoje pode, por causa de uma vitória na guerra, tornar-se o principal deus de uma cidade, e por outro lado um deus adorado com oferendas em abundância e grande cerimônia em um mês pode degradar-se à insignificância e tornar-se para todos os intentos e propósitos um deus morto no próximo. Mas, além disso, os deuses de famílias e de aldeias eram deuses nacionais, e os deuses de rios e montanhas, e deuses da terra e do céu, todos os quais tomados em conjunto, perfizeram um número formidável de seres "divinos", cuja boa vontade tinha de ser assegurada, e cuja má vontade devia ser aplacada. Além disso, muitos animais, por serem sagrados para os deuses, foram também considerados seres "divinos", e o medo não menos que o amor fez com que os egípcios os adicionassem às suas numerosas classes de deuses.

Os deuses do Egito, cujos nomes conhecemos, não representam todos os que foram concebidos pela imaginação do povo, pois com eles, tanto quanto com muitos outros, a lei da sobrevivência do ajuste é válida. Dos deuses do homem pré-histórico não conhecemos nada, mas é mais que provável que alguns cultuados em tempos dinásticos representem, de uma forma modificada, as divindades do egípcio selvagem ou semisselvagem que sustentaram sua influência na sua mente por muito tempo. Um exemplo típico de tal deus será suficiente, isto é, Thoth, cujo emblema original era o macaco com cabeça de cachorro. Em tempos muito antigos, era prestado grande respeito a esse animal em razão sagacidade, inteligência e astúcia; e o egípcio de mentes simples, quando ele o ouvia tagarelando logo antes e depois do nascer e do pôr do sol, assumia que ele estava de alguma forma mantendo conversa ou que estava intimamente conectado com o sol. Essa ideia apegou-se à sua mente, e nós encontramos nos tempos dinásticos, na vinheta representando o sol que se levanta, que é dito que os macacos são os porteiros transformados dos portais do céu e formam um legítimo grupo dos deuses, e ao mesmo tempo um dos mais admiráveis aspectos da cena. Assim, uma ideia que veio à existência nos mais remotos tempos passados de geração a geração até que se tornou cristalizada nas melhores cópias do *Livro dos Mortos*, no período em que o Egito estava no apogeu de poder e glória. As espécies peculiares do macaco com cabeça de cachorro, representadas em estátuas e em papiros, são famosas por sua astúcia, e foram as palavras que supriu a Thoth, que sucessivamente as transmitiu para Osíris, que habilitaram Osíris a ser de "voz verdadeira", ou triunfante, sobre seus inimigos. É provavelmente nessa capacidade, como o amigo dos mortos, que o macaco com cabeça de cachorro aparece sentado no topo da coluna da Balança, na qual o coração do finado está sendo pesado em oposição à simbólica pluma de Maat; pois os títulos mais comuns do deus são "senhor dos registros divinos", "senhor das palavras divinas", a fórmula que faz o finado ser obedecido pelo amigo e de forma semelhante pelo inimigo no próximo mundo. Em tempos mais recentes, quando Thoth veio a ser representado pelo pássaro íbis, seus atributos foram multiplicados, e tornou-se o deus das letras, da ciência, da matemática, etc.; na criação, ele parece ter representado uma parte não diferente daquela da "sabedoria" que é tão lindamente descrita pelo autor dos Provérbios (veja Cap. VIII, vv. 23-31).

Quando e onde os egípcios se empenharam em estabelecer um sistema de deuses sempre acharam que os velhos deuses locais deviam ser levados em consideração, e um lugar devia ser achado no sistema. Isso pode ser feito tornando-os membros de tríades, ou de grupos de nove deuses, agora comumente chamados *"eneadas"*; mas de uma forma ou de outra eles tinham de aparecer. As pesquisas feitas durante os últimos anos têm mostrado que deve ter havido várias grandes escolas de pensamento teológico no Egito, e os sacerdotes de cada uma delas fizeram o máximo para proclamar a superioridade dos seus deuses. Nos tempos dinásticos deve ter havido grandes colégios em Heliópolis, Mênfis, Abidos e um ou mais locais no Delta, para não mencionar as escolas menores de sacerdotes que provavelmente existiram em lugares em ambos os lados do Nilo desde Mênfis em direção ao Sul. Das teorias e doutrinas de todas essas escolas e colégios, as de Heliópolis sobreviveram de forma mais completa, e com o exame cuidadoso dos textos fúnebres que foram inscritos nos monumentos dos reis do Egito das V e VI dinastias podemos dizer quais as visões que eles sustentavam sobre muitos dos deuses. No princípio, vemos que o grande deus de Heliópolis era Temu ou Atmu, o pôr do sol, e para ele os sacerdotes daquele lugar atribuíram as qualidades que com certeza pertenceram a Rá, o Deus-Sol das horas do dia. Por alguma razão ou outra eles formularam a ideia de um grupo de deuses, nove em número, que era chamado o "grande grupo (*paut*) dos deuses", e na cabeça desse grupo eles colocaram o deus Temu. No Capítulo XVII do *Livro dos Mortos*[72] nós encontramos a seguinte passagem:

"Eu sou o deus Temu em seu levantar; eu sou o único Um. Eu vim à existência em Nu. E sou Rá, que levantou no começo."

Em seguida vem a questão: "Mas quem é esse?". E a resposta é: "É Rá quando no começo ele levantou na cidade de Suten-henen (Heracleópolis Magna) coroado como um rei em elevação. Os pilares do deus Shu não estavam ainda criados quando ele estava na sua escada que habitava em Khemennu (Hermópolis Magna)". Dessas declarações nós aprendemos que Temu e Rá eram um e o mesmo deus, e que ele era a primeira descendência do deus Nu, a primordial massa aquosa, a partir da qual todos os deuses vieram à existência. O texto continua: "Eu sou o grande deus Nu que deu nascimento a ele mesmo, e que fez seus nomes virem, à existência e para formar o grupo dos deuses. Mas quem é esse? É Rá, o criador dos nomes de seus membros que vieram à existência na forma dos deuses que estão na comitiva de Rá". E novamente: "Eu sou ele que não é dirigido de volta entre os deuses. Mas quem é esse? É Tem, o habitante em seu disco, ou como outros dizem, é Rá em seu levantar no horizonte no leste do céu". Assim nós aprendemos, além disso, que Nu era autoproduzido, e que os deuses são simplesmente os nomes de seus membros; mas então Rá é Nu, e os

---

72. Veja meu *Hieratic Papyrus of Nesi-Amsu* (Papiro Hierático de Nesi-Amsu) (*Archaeologia*, vol. lii).

deuses, que estão em sua comitiva ou seguindo, são meramente personificações dos nomes de seus próprios membros. Ele que também não pode ser retomado entre os deuses é tanto Temu como Rá, e assim descobrimos que Nu, Temu e Rá são um e o mesmo deus. Os sacerdotes de Heliópolis, colocando Temu na cabeça do seu grupo dos deuses dessa maneira, deram a Rá, e Nu também, um lugar de alta honra; eles claramente tiveram êxito ao fazer seu próprio deus local principal do grupo, mas, ao mesmo tempo, proveram os deuses mais antigos com posições de importância. Dessa maneira, adoradores de Rá, que o haviam considerado como o mais velho dos deuses, iriam ter pouco motivo para queixar-se da introdução de Temu no grupo dos deuses, e a vaidade local de Heliópolis seria gratificada.

Mas além dos nove deuses que supostamente formavam o "grande grupo" de deuses da cidade de Heliópolis, havia um segundo grupo de nove deuses chamado o "pequeno grupo" de deuses, e ainda um terceiro grupo de nove deuses, que formavam o menor grupo.

Agora, embora seja esperado que o *paut*, ou grupo de nove deuses, contenha sempre nove, esse não era o caso, e o número nove assim aplicado é algumas vezes enganoso. Há várias passagens existentes em textos nos quais os deuses de um *paut* são enumerados, mas o número total é algumas vezes dez ou onze. Esse fato é facilmente explicado quando nos lembramos de que os egípcios deificavam as várias formas ou aspectos de um deus, ou de várias fases em sua vida. Assim o pôr do sol, chamado Temu ou Atmu, e o sol nascente, chamado Khepera, e o sol do meio-dia, chamado Rá, eram três formas do mesmo deus; e se alguma dessas três formas era incluída em um *paut* ou grupo de nove deuses, as outras duas formas eram também incluídas por implicação, ainda que o *paut* então contivesse onze em vez de nove deuses. Similarmente, as várias formas de cada deus ou deusa do *paut* formam entendidas como tendo sido incluídas nele, quão grande o número total de deuses pode vir a ser. Nós não estamos, por esse motivo, imaginando que os três grupos dos deuses eram limitados em número de 9 x 3, ou 27, apesar de o símbolo para deus ser dado 27 vezes nos textos. Nós já aludimos ao grande número de deuses conhecidos pelos egípcios, mas facilmente imaginar-se-á que apenas aqueles que supostamente tinham relação com o destino dos homens, aqui e no outro mundo, obtinham o culto e reverência do povo do Egito. Esses eram, comparativamente, limitados em número, e de fato pode-se dizer consistir dos membros do grande grupo dos deuses de Heliópolis, isto é, dos deuses que pertenciam ao ciclo de Osíris. Estas podem ser brevemente descritas como segue:

1. TEMU ou ATMU, o "arrematador" do dia, como Ptah era o "inaugurador" do dia. Na história da criação, ele declara que evoluiu a si mesmo sob a forma do deus Khepera, e em hinos é dito que ele é o "fabricante dos deuses", "o criador dos homens", etc. e usurpou a posição de Rá, entre os deuses do Egito. Seu culto deve ter sido muito antigo no tempo dos reis da V dinastia, pois sua tradicional forma é a de um homem naquele tempo.

2. SHU era o filho primogênito de Temu. De acordo com uma lenda, ele nasceu direto do deus e, de acordo com outra, a deusa Hathor era sua mãe; ainda uma terceira lenda o faz o filho de Temu com a deusa Iusâset. Foi ele quem abriu caminho entre os deuses Seb e Nut e levantou o último para formar o céu, e essa crença é comemorada pelas figuras desse deus pelas quais ele é representado como um deus se levantando a si mesmo da terra com o disco do sol em seus ombros. Como um poder da natureza, ele representou a luz e, ficando no topo da escada em Hermópolis Magna,

levantou o céu e o segurou no decurso de cada dia. Para socorrê-lo em seu trabalho, ele colocou um pilar em cada um dos pontos cardeais, e os "suportes de Shu" são assim a sustentação do céu.

3. TEFNUT era a irmã gêmea de Shu; como um poder natural, ela representou a umidade ou algum aspecto do calor do sol; mas como um deus dos mortos ela parece ter sido, de alguma forma, associada ao suprimento de bebida para o finado. Seu irmão Shu era o olho direito de Temu, e ela era o esquerdo, isto é, Shu representava um aspecto do Sol; e Tefnut da Lua. Os deuses Temu, Shu e Tefnut assim formavam uma trindade, e na história da criação o deus Temu diz depois de descrever como Shu e Tefnut originaram-se dele mesmo, "assim sendo um deus eu me tornei três".

4. SEB era o filho do deus Shu. Ele é chamado o "Erpâ", o "chefe hereditário" dos deuses, e o "pai dos deuses", esses sendo, é claro, Osíris, Ísis, Seth e Néftis. Ele era originalmente o deus da terra, porém depois tornou-se um deus da morte como representando a terra onde o finado estava deitado. Uma lenda o identifica com o ganso, a ave que em tempos mais recentes lhe foi sacrificada e ele é sempre chamado o "Grande Cacarejador", em alusão à ideia de que ele fez o ovo primordial do qual o mundo veio à existência.

5. NUT era a esposa de Seb e a mãe de Osíris, Ísis, Seth e Néftis. Originalmente ela era a personificação do céu, e representou o princípio feminino que foi ativado na criação do Universo. De acordo com uma visão antiga, Seb e Nut existiram no abismo aquoso

Ilustração 20 - Osíris sendo abraçado por Ísis e Néftis. As quatro figuras de múmia são os Filhos de Hórus: Akeset, Hap, Tuamutef e Qebhsenuf. As divindades nos círculos são Amen e Rá, Shu e Tefnut, Keb e Nut, Hathor e Maat. Do baixo-relevo em Philae.

primordial, lado a lado com Shu e Tefnut; e mais tarde Seb tornou-se a terra e Nut o céu. Era esperado que essas divindades se unissem todas as noites, e ficassem abraçadas até a manhã, quando o deus Shu as separava, e colocava a deusa do céu em seus quatro pilares até a noite. Nut era, naturalmente, vista como a mãe dos deuses e de todas as coisas vivas; ela e seu marido Seb eram considerados os doadores de alimento, não apenas para os vivos, mas também para os mortos. Embora visões diferentes fossem

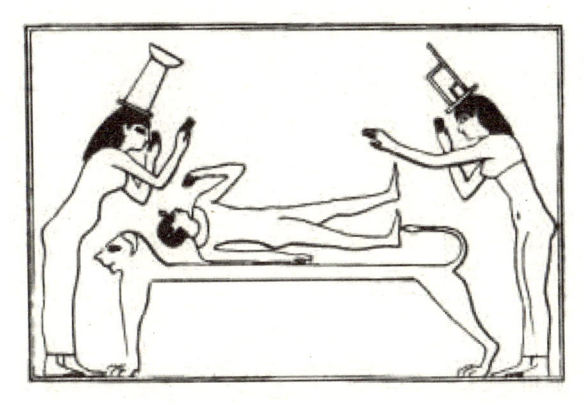

Ilustração 21 - Ísis e Néftis lastimando a morte de Osíris. Do baixo-relevo em Philae.

correntes no Egito como a exata localização do céu dos mortos beatificados, até agora todas as escolas de pensamento em todos os períodos o designaram para alguma região no céu e as abundantes alusões nos textos aos corpos celestes – que são o sol, a lua e as estrelas – com as quais o finado habita, prova que o domicílio final das almas dos justos não estava sobre a terra. A deusa Nut é algumas vezes representada como uma fêmea solitária, cujo corpo o sol percorre, ou então como uma vaca; a árvore sagrada para ela era a sicômoro.

6. OSÍRIS era o filho de Seb e Nut, o marido de Ísis e o pai de Hórus. A história desse deus é dada em outro lugar neste livro de maneira tão completa que é necessário apenas mencioná-lo brevemente. Foi sustentado que ele teria sido um homem, embora de origem divina; viveu e reinou em sua terra; foi traiçoeiramente assassinado por seu irmão Seth e o

Ilustração 22 - Thoth, o defensor de Osíris, carregando vida e serenidade.

Ilustração 23 -Thoth, o defensor de Osíris, escrevendo em sua paleta. Do Papiro de Hunefer.

corpo foi cortado em catorze pedaços, os quais foram espalhados pelo Egito; depois de sua morte, Ísis, pelo uso de fórmula mágica dada a ela por Thoth, teve sucesso em despertá-lo para a vida, e ele gerou um filho chamado Hórus; quando Hórus cresceu, empenhou-se no combate contra Seth e o venceu, e assim "vingou seu pai"; por meio de fórmula mágica, dada a ele por Thoth, Osíris reconstituiu e reanimou seu corpo, e tornou-se o modelo da ressurreição e o símbolo da imortalidade; ele era também a esperança, o juiz e o deus dos mortos, provavelmente mesmo nos tempos pré-dinásticos. Osíris era, em certo aspecto, uma divindade solar, e originalmente parece ter representado o sol depois que ele havia se posto; mas é também identificado com a lua. Na XVIII dinastia, contudo, ele já idêntico a Rá, e mais tarde as qualidades de Deus e de todos os "deuses" lhe foram atribuídas.

7. ÍSIS era a esposa de Osíris e mãe de Hórus; como deusa da natureza ela teve um lugar no barco do sol da criação, quando provavelmente representou o amanhecer. Em razão de seu sucesso em despertar o corpo de seu marido por meio da pronúncia da fórmula mágica, ela é chamada a "dama de encantamentos". Suas divagações à procura do corpo de seu marido, e a dor que ela suportou em dar à luz e criar seu filho nos pântanos de papiros do Delta, e a perseguição que sofreu nas mãos dos inimigos de seu marido, formam o tema da maioria das referências em textos de todos os períodos. Ela tem vários aspectos, mas o que tem mais apelo sobre a imaginação dos egípcios era aquele de "divina mãe"; nesse caráter milhares de estátuas a representam sentada e amamentando seu filho Hórus a quem ela sustenta sobre seus joelhos.

8. SETH era o filho de Seb e Nut, e o marido de Néftis. Em um período muito precoce, ele foi observado como o irmão e amigo de "Hórus o mais velho", o Aroueris dos gregos, e Seth representou a noite enquanto Hórus significou o dia. Cada um desses deuses executou muitos serviços de natureza amigável para os mortos, e entre outros eles ergueram e seguraram a escada por meio da qual o finado fazia seu caminho desta terra para o céu, e o ajudou a ascender a ele. Mas, em um período posterior, as visões dos egípcios no que concerne a Seth mudaram, e logo depois o reino dos reis chamados "Seti", aqueles cujos nomes eram

baseados no nome do deus, tornou-se a personificação de todo o mal e de tudo que é horrível e terrível na natureza, tal como o deserto em sua forma mais desolada, o temporal e a tempestade, etc. Seth, como um poder da natureza, estava sempre travando guerra com Hórus o mais velho; a noite guerreava com o dia pela supremacia; ambos os deuses, contudo, surgiram da mesma fonte, pois as cabeças deles são, em uma cena, feitas para pertencer a um só corpo. Quando Hórus, o filho de Ísis, cresceu, ele guerreou com Seth, que havia matado o pai de Hórus, e o venceu; em muitos textos essas duas lutas originalmente distintas são confundidas, e os dois deuses Hórus também. A vitória sobre Seth por Hórus no primeiro conflito representou apenas a derrota da noite pelo dia, mas a derrota de Seth no segundo conflito parece ter sido entendida como a vitória da vida sobre a morte, e do bem sobre o mal. O símbolo de Seth era um animal com cabeça a parecida com a de um camelo, mas ela não foi ainda satisfatoriamente identificada; figuras do deus são incomuns, pois a maioria foi destruída pelos egípcios quando mudaram suas visões sobre o deus.

9. NÉFTIS era a irmã de Ísis e sua companheira em todas as divagações e dificuldades; como sua irmã, ela tinha um lugar no barco do Sol na criação, quando provavelmente representou o crepúsculo ou a noite muito prematura. Ela era, de acordo com uma lenda, a mãe de Anúbis com Osíris, mas nos textos declara-se que Rá é o pai. Nos papiros fúnebres, stelae, etc., ela sempre acompanha Ísis em suas incumbências para com os mortos, e como ela assistiu Osíris e Ísis a derrotar a crueldade de seu próprio marido (Seth), assim

ela ajudou o finado a superar os poderes da morte e da sepultura. Aqui, então, nós temos os nove deuses do divino grupo de Heliópolis, mas nenhuma menção é feita a Hórus, o filho de Ísis, que atuou em tão importante parte da história de seu pai Osíris, e nada é dito sobre Thoth; ambos os deuses são, contudo, incluídos no grupo em várias passagens do texto, e pode ser que sua omissão seja o resultado de um erro do escriba. Nós já demos os detalhes principais da história dos deuses Hórus e Thoth, e os principais deuses dos outros grupos podem ser agora sucintamente nomeados.

NU era o "pai dos deuses" e progenitor do "grande grupo dos deuses"; ele foi a primordial massa aquosa da qual todas as coisas surgiram.

PTAH era um dos mais ativos dos três deuses que cumpriram as ordens de Thoth, que deu expressão em palavras ao desejo do primordial, criativo Poder; ele foi autogerado e uma forma do Deus-Sol Rá como o "Inaugurador" do dia. De algumas alusões no *Livro dos Mortos* ele é conhecido como tendo "aberto a boca"[73] dos deuses, e é nessa capacidade que se tornou um deus do ciclo de Osíris. Sua contrapartida feminina era a deusa SEKHET, e o terceiro membro da tríade da qual ele foi o chefe foi NEFER-TEMU.

PTAH-SEKER é o deus dual formado pela fusão de Seker, o nome egípcio da encarnação do Touro Apis, de Mênfis, com Ptah.

PTAH-SEKER-AUSAR foi um deus trino que, em resumo, simboliza vida, morte e ressurreição.

KHENEMU era um dos velhos deuses cósmicos que socorreram Ptah cumprindo as ordens de Thoth, que exprimiu em

---

73. Veja *O capítulo para o surgimento durante o dia*, p. 49.

palavras o desejo primitivo, Poder criativo, que é descrito como "o autor das coisas que são, o criador das coisas que serão, a fonte das coisas criadas, o pai dos pais e a mãe das mães". Foi ele quem, de acordo com uma lenda, modelou o homem em uma roda de oleiro.

KHEPERA foi um velho deus primitivo, e o tipo de matéria que contém o germe da vida que está prestes a nascer em uma nova existência; assim, ele representou o corpo morto do qual o corpo espiritual estava prestes a nascer. Ele é representado na forma de um homem que tem cabeça de besouro, e esse inseto torna-se o seu emblema porque ele era supostamente autogerado e autoproduzido. Até os dias atuais, alguns dos habitantes do Sûdân trituram o *scarabaeus* ou besouro seco e o bebem com água, acreditando que isso lhes assegurará uma prole numerosa. O nome "Khepera" significa "em torno que rola", e quando o hábito do inseto de fazer rolar sua bolsa cheia de ovos é levado em consideração, a propriedade do nome é evidente. Conforme a bola de ovos rola, os germes amadurecem e nascem para a vida; e como o sol vagueia pelo céu emitindo luz e calor e consequentemente a vida, assim as coisas terrenas são produzidas e têm sua existência.

Rá foi provavelmente o mais velho dos deuses adorados no Egito, e seu nome pertence a um período tão remoto que o significado é desconhecido. Ele foi, em todos os períodos, o emblema visível de Deus, e foi o deus dessa terra para quem oferendas e sacrifícios foram feitos diariamente; o tempo principiou quando Rá apareceu sobre o horizonte no momento da criação na forma do Sol, e a vida de um homem foi comparada a seu curso diário numa data muito antiga. Era esperado que Rá navegasse sobre o céu em dois barcos, o barco ÂTET ou MÂTET, no qual ele viajava desde o nascer do sol até o meio-dia, e o barco de SEKTET no qual ele viajava desde o meio-dia até o pôr do sol. Em seu nascimento, foi atacado por Âpep, um forte "dragão" ou serpente, o tipo de maldade e escuridão, e contra esse monstro ele combateu os dardos de fogo descarregados sobre o corpo de Âpep que o arrasaram e o consumiram; os demônios que estavam a serviço desse terrível inimigo também foram destruídos pelo fogo, e seus corpos foram cortados em pedaços. Uma repetição dessa história é vista na lenda da luta entre Hórus e Seth, e em ambas as formas representou com originalidade a luta supostamente travada entre a luz e a escuridão diariamente. Mais tarde, contudo, quando Osíris havia usurpado a posição de Rá, e Hórus representou um poder divino que estava a ponto de vingar o cruel assassino de seu pai, e o mal que havia sido feito a ele, as concepções morais de certo e errado, bem e mal, verdade e mentira, foram aplicadas a luz e trevas, isto é, a Hórus e Seth.

Como Rá era o "pai dos deuses", era natural que todo deus representasse alguma fase dele e que ele representasse todo deus. Uma boa ilustração do fato é oferecida por um hino a Rá, uma fina cópia que é encontrada inscrita nas paredes dos corredores íngremes da sepultura de Seti I, em torno de 1370 a.C., da qual nós citamos o seguinte:

11. "Louvarão a ti, Ó! Rá, tu enalteceste o Poder, que entra nas habitações de Ament, contempla [teu] corpo é Temu.

12. "Louvarão a ti, Ó! Rá, tu enalteceste o Poder, que entra no lugar escondido de Anúbis, contempla [teu] corpo é Khepera.

13. "Louvarão a ti, Ó! Rá, tu enalteceste o Poder, cuja duração da vida é maior que a das formas ocultas, contempla [teu] corpo é Shu.

14. "Louvarão a ti, Ó! Rá, tu enalteceste o Poder, ... contempla [teu] corpo é Tefnut.

15. "Louvarão a ti, Ó! Rá, tu enalteceste o Poder, que produz coisas verdes em sua estação, contempla [teu] corpo é Seb.

16. "Louvarão a ti, Ó! Rá, tu enalteceste o Poder, tu, ser forte que julga, ... contempla [teu] corpo é Nut.

17. "Louvarão a ti, Ó! Rá, tu enalteceste o Poder, o senhor ... contempla [teu] corpo é Ísis.

18. "Louvarão a ti, Ó! Rá, tu enaltecestes o Poder, cuja cabeça dá luz àquele que está em frente a ti, contempla [teu] corpo é Néftis.

19. "Louvarão a ti, Ó! Rá, tu enalteceste o Poder, tu, fonte dos membros divinos, tu Único, que trazes à existência aquilo que foi criado, contempla [teu] corpo é Hórus.

20. "Louvarão a ti, Ó! Rá, tu enalteceste o Poder, que habitas e iluminas a profundeza celestial, contempla [teu] corpo é Nu."[74]

Nos próximos parágrafos, Rá é identificado com um grande número de deuses e personagens divinos, cujos nomes não são mencionados com tanta frequência nos textos como aqueles apresentados anteriormente e, de uma forma ou de outra, as características de todos os deuses lhe são atribuídas. No tempo em que o hino foi escrito é claro que o politeísmo, não panteísmo como alguns poderiam conceber, estava em ascendência, e a despeito do fato de que o deus tebano Amen estava sendo forçado gradualmente à supremacia dos grupos dos deuses do Egito, encontramos em todo lugar tentativas feitas no sentido de enfatizar a visão de que todo deus, seja estrangeiro ou nativo, era um aspecto ou forma de Rá.

---

74. "Possa o deus Ptah abrir minha boca"; "possa o deus Shu abrir minha boca com seu implemento de ferro com que ele abriu a boca dos deuses" (Cap. XXIII).

Amen, apenas mencionado, foi originalmente um deus local de Tebas, cujo santuário foi fundado ou reconstruído em período próximo ao da XII dinastia, em torno de 2500 a.c. Esse deus "oculto", pois tal é o significado do nome Amen, foi essencialmente um deus do sul do Egito, mas quando os reis tebanos conquistaram seus inimigos no Norte, e transformaram-se então em mestres de todo o país, Amen tornou-se um deus de primeira importância, e os reis das XVIII, XIX e XX dinastias dotaram seus templos de maneira generosa. Os sacerdotes do deus chamaram Amen "o rei dos deuses" e esforçaram-se para fazer com que todo o Egito o aceitasse como tal, mas, a despeito de seu poder, eles viram que não poderiam realizar esse resultado a menos que o identificassem com os velhos deuses da terra. Eles declararam que Amen representou o poder escondido e misterioso que criou e sustenta o Universo, e que o sol foi o símbolo desse poder; eles logo acrescentaram seu nome àquele de Pg e, dessa forma, Amen gradualmente usurpou os atributos e poderes de Nu, Khnemu, Ptah, Hâpi e outros deuses grandes. Uma revolta encabeçada por Amen-hetep, ou Amenophis IV (em torno de 1500 a.c.), contra a supremacia de Amen, aconteceu na metade da XVIII dinastia, mas foi sem sucesso. Esse rei odiou o deus e seu nome tão fortemente, que mudou seu próprio nome para o de "Khu-en-Aten", "a glória do Disco solar", e ordenou que o nome de Amen fosse apagado, onde quer que fosse possível, em templos e em outros grandes monumentos; e isso foi feito de fato em vários locais. É impossível dizer exatamente o que eram as visões religiosas do rei, mas é certo que ele desejou substituir pelo culto de Aten, uma forma de Deus-Sol adorado em Annu (On ou Heliópolis), em tempos muito antigos, aquele de Amen. "Aten" significa literalmente o "Disco do Sol", e embora seja difícil entender nesse intervalo de tempo, em que consistiu a diferença entre a adoração de Rá, e a adoração de "Rá, em seu Disco", podemos estar certos de que deve ter havido alguma distinção teológica sutil entre eles. No entanto, qualquer que tenha sido a diferença, foi suficiente para fazer com que Amenophis desamparasse a velha capital Tebas e se retirasse para um lugar[75] a certa distância ao Norte daquela cidade, para onde ele carregou o culto de seu bem-amado deus Aten. Nas pinturas do culto de Aten que chegaram até nós, o deus aparece na forma de um disco do qual se originam vários braços e mãos que concedem vida a seus adoradores. Depois da morte de Amenophis, o culto de Aten declinou, e Amen recuperou seu domínio sobre as mentes dos egípcios.

A falta de espaço nos proíbe inserir aqui uma lista completa dos títulos de Amen, e um breve extrato do Papiro da Princesa Nesi-Khensu[76] deve ser suficiente para descrever a estima com que o deus era tido em torno de 1000 a.C. Assim, Amen é mencionado como "o sagrado deus, o senhor de todos os deuses, Amen-Rá, o senhor dos tronos do mundo, o príncipe de Apt (Karnak), a sagrada alma que veio à existência no início, o grande deus que vive pela justiça e verdade, o primeiro *ennead* que deu nascimento para os outros dois *enneads*[77], o ser no qual todo deus existe, o Único do Único, o criador das coisas que vieram à existência quando a terra tomou forma no início, cujos nascimentos são escondidos, cujas formas são múltiplas e cujo crescimento não pode ser conhecido. A Forma sagrada, bem-amada, terrível e forte... o senhor do espaço, a força Única da forma de Khepera, que veio à existência ao lado de Khepera, o senhor da forma de Khepera; quando ele veio à existência nada existia exceto ele mesmo; Ele brilhou sobre a terra no tempo

---

75. Para o texto veja *Annales de Musée Guimet: Le Tombeau de Seti. I.* (ed. Lefébure), Paris, 1886, pl. v.
76. O sítio é marcado pelas ruínas de Tell el-Amarna.
77. Para uma transcrição hieroglífica do texto hierático, veja Maspero, *Mémoires*, tom. I, p. 594 ff.

primitivo, ele o Disco, o príncipe da luz e radiância... Quando esse deus sagrado moldou a si mesmo, os céus e a terra foram feitos por seu coração (*ou* mente)... Ele é o Disco da Lua, as belezas que penetram os céus e a terra, o rei incansável e beneficente, cujo desejo germina do nascer ao pôr do sol, de cujos divinos olhos homens e mulheres aparecem, e de cuja boca os deuses vêm, e [por quem] o alimento e carne e bebida são feitos e providos, e [por quem] as coisas que existem são criadas. Ele é o senhor do tempo, e ele atravessa a eternidade; ele é o amadurecido que renova a sua juventude... Ele é o Ser que não pode ser conhecido, e ele está mais oculto que todos os deuses. Ele dá vida longa e multiplica os anos daqueles que são favorecidos por ele, Ele é o misericordioso protetor daquele que põe em seu coração e é o moldador da eternidade e da imortalidade. Ele é o rei do Norte e do Sul, Amen-Rá, rei dos deuses, o senhor do céu da terra, e das águas e das montanhas, com cuja entrada à existência a terra começou a existir, o forte, mais principesco que todos os deuses do primeiro grupo.

No trecho anterior notou-se que Amen é chamado o "Único de Um", ou o "Único Um", título que tem sido explicado como não tendo nenhuma referência para a unidade de Deus como entendido nos tempos modernos: mas, a menos que essas palavras pretendam expressar a ideia de unidade, qual é o seu significado? É também dito que ele "não tem substituto", e assim não há nenhuma dúvida de que quando os egípcios declararam seu deus ser Único, e sem um substituto, eles querem dizer precisamente o que os hebreus e os árabes quiseram dizer quando declararam que seu Deus era Único[78]. Tal Deus era um Ser inteiramente diferente das personificações dos poderes da natureza e das existências que, por falta de um nome melhor, têm sido chamados "deuses".

---

78. O grande, o pequeno e o menor grupo de deuses; cada grupo (*paut*) continha nove deuses.

Mas, além de Rá, existia em tempos muito antigos um deus chamado Hórus, cujo símbolo era um falcão, que, parece, era a primeira coisa viva cultuada pelos egípcios; Hórus era o Deus-Sol, como Rá, e em tempos mais recentes foi confundido com Hórus o filho de Ísis. As principais formas de Hórus dadas nos textos são: (1) HERU-UR (Aroueris); (2) HERU-MERTI; (3) HERU-NUB; (4) HERU-KHENT-KHAT; (5) HERU-KHEN-T-AN-MAA; (6) HERU-KHUTI; (7) HERU-SAM-TAUI; (8) HERU-HEKENNU; (9) HERU-BEHUTET. Conectado como uma das formas de Hórus, originalmente, eram os quatro deuses dos pontos cardeais, ou os "quatro espíritos de Hórus", que sustentavam o céu em seus quatro cantos; seu nome era HÂPI, TUAMUTEF, AMSET e QEBHSENNUF, e representavam o norte, o leste, o sul e o oeste, respectivamente. Os intestinos do morto eram embalsamados e colocados em quatro jarros, estando cada um sob a proteção de um desses deuses. Outros deuses importantes do morto são: (1) ANÚBIS, o filho de Rá ou Osíris, que presidia sobre a residência do morto, e com AP-UAT dividia o domínio da "montanha fúnebre", o símbolo de cada um desses deuses é um chacal; (2) HU e SA, os filhos de Temu ou Rá, que aparecem no barco do sol durante a criação, e mais tarde na Cena do Julgamento; (3) A deusa Maat, que era associada com Thoth, Ptah e Khnemu no trabalho de criação; o nome significa "honesto, puro"; portanto, o que é certo, verdadeiro, verdade, real, genuíno, honrado, justificado, justo, inabalável, inalterável e semelhante; (4) A deusa HET-HERT (Hathor), a "casa de Hórus", que era aquela parte do céu onde o sol se levanta e se põe. A árvore de sicômoro lhe era consagrada e o finado ora para ser saciado por ela com o alimento celestial proveniente da árvore; (5) A deusa MEH-URT, que representava a porção do céu na qual o sol toma seu curso diário; era aqui, de acordo com a visão sustentada em um período, pelo menos, que se supunha que o julgamento do finado acontecia; (6) NEITH, a mãe de SEBEK, que era também uma deusa da parte leste do céu; (7) SEKHET e BAST, que são representadas com as cabeças de um leão e de um gato, e que eram símbolos do poder destrutivo, abrasador do sol, e de seu suave calor, respectivamente; (8) SERQ, que foi uma forma de Ísis; (9) TAURT (Thoueris), que era a genitora dos deuses; (10) UATCHET, que era uma forma de Hathor, e que teve domínio sobre o céu do norte, tal como NEKHEBET era a senhora do céu do sul; (11) NEHEB-KA, que era uma deusa que possuía poderes mágicos e em alguns aspectos se parecia com Ísis por seus atributos; (12) SEBAK, que era uma forma do Deus-Sol e confundido nos tempos mais recentes com Sebak, o amigo de Seth; (13) Amsu (ou MIN ou KHEM), que era a personificação dos poderes gerativos e reprodutivos da natureza; (14) Beb ou BABA, que era o "filho primogênito de Osíris"; (15) HÂPI, que era o deus do Nilo e com quem a maioria dos grandes deuses era identificada.

Os nomes dos seres que em um tempo ou outro eram chamados "deuses" no Egito são tão numerosos que uma mera lista iria preencher muitas páginas, e um trabalho desse tipo seria fora de propósito. O leitor é, portanto, encaminhado à *Mitologia Egípcia*, de Lanzone, em que um considerável número é relacionado e descrito.

Capítulo IV

O Julgamento dos Mortos

A crença de que os atos realizados no corpo (durante a vida no corpo) seriam sujeitos a uma análise c escrutínio pelos poderes divinos depois da morte do homem pertence ao período antigo da civilização egípcia, e permaneceu substancialmente a mesma em todas as gerações. Apesar de não termos informações com relação à localidade em que o Juízo Final acontecia, ou se a alma do egípcio passava para o tribunal de julgamento imediatamente após a morte do corpo ou depois que a mumificação terminasse e o corpo fosse depositado na sepultura, é quase certo que a crença no julgamento era profundamente enraizada entre os egípcios como uma crença na imortalidade. Parece não ter existido ideia desse julgamento geral quando todos aqueles que haviam vivido no mundo receberiam sua recompensa pelos atos praticados no corpo; ao contrário, toda evidência vai mostrar que cada alma era tratada individualmente, e ou lhe era permitido passar para o reino de Osíris e ser abençoada, ou ela (alma) era destruída sem demora. Certas passagens dos textos parecem sugerir a ideia da existência de um lugar para os espíritos dos mortos onde as almas condenadas no julgamento poderiam habitar, mas devemos nos lembrar de que havia os inimigos de Rá, o Deus-Sol, que habitavam essa região; e é impossível imaginar que os poderes divinos que presidiam o julgamento permitiriam que as almas dos perversos vivessem depois que houvessem sido condenadas e se tornassem inimigas das que eram puras e abençoadas. Por outro lado, se associamos qualquer importância das ideias dos coptos sobre esse assunto, e consideramos que eles representam crenças antigas que derivaram do tradicionalismo egípcio, deve ser admitido que o outro mundo egípcio continha alguma região onde as almas dos perversos eram punidas por um período indefinido. As vidas de santos e mártires coptos são cheias de alusões aos sofrimentos dos condenados, mas não podemos identificar se suas descrições são por causa de suposições da mente do egípcio cristão ou no viés das opiniões dos escribas. Quando consideramos que o inferno copto era pouco mais que uma forma modificada da antiga Amenti egípcia, ou Amentet, é difícil acreditar que apenas o nome do outro mundo egípcio foi pego emprestado, e que as ideias e crenças referentes a isso sustentadas pelos egípcios antigos não foram absorvidas ao mesmo tempo. Alguns autores cristãos são mais minuciosos em suas classificações dos perversos no inferno, como podemos ver no extrato que segue da vida de Pisentios[79], bispo de Keft, no século VII de nossa era. O homem sagrado buscara refúgio em uma sepultura na qual várias múmias haviam sido amontoadas, e quando ele leu a lista de nomes das pessoas que haviam sido enterradas ali, a entregou para o seu discípulo recolocá-la. Então, ele se dirigiu ao seu discípulo e o repreendeu para que executasse o trabalho de Deus com diligência, e o alertou que todo homem deve tornar-se sereno como eram as múmias que estavam diante deles. "E alguns", ele disse, "cujos pecados foram muitos, estão agora em Amenti, outros estão nas trevas exteriores, outros estão em abismos e fossos cheios de fogo e outros estão no rio de fogo: nestes últimos ninguém tem concedido paz. E outros, da mesma maneira, estão em um lugar de paz,

---

79. Veja Deut, vi. 4; e *Koran*, Capítulo cxii.

em razão de seus bons trabalhos". Quando o discípulo partiu, o homem sagrado começou a falar com uma das múmias que havia sido um nativo da cidade de Erment, ou Armant, e cujo pai e cuja mãe haviam sido chamados Agricolaos e Eustathia. Ele fora um adorador de Poseidon e nunca havia ouvido que Cristo viera ao mundo. "E", ele disse, "desgraça, desgraça sou eu porque eu nasci no mundo. Por que o ventre de minha mãe não se tornou minha sepultura? Quando tornou-se necessário para mim morrer, os anjos de Kosmokratôr foram os primeiros a ficar ao meu redor, e me falaram de todos os pecados que eu havia cometido, e disseram a mim: 'Deixe o que pode salvá-lo das tormentas nas quais tu serás lançado vir para cá'. E eles tinham em suas mãos facas de ferro e aguilhadas pontudas que eram como lanças afiadas, e as arremessaram e rangeram seus dentes para mim. Quando pouco tempo mais tarde meus olhos se abriram, vi a morte pairando no ar em suas múltiplas formas e, naquele momento, os anjos que não tinham piedade vieram e arrastaram minha desgraçada alma do meu corpo, e a havendo retido sob a forma de um cavalo negro, eles me mandaram embora para Amenti. Que a desgraça aconteça para cada pecador como aconteceu comigo, que nasci no mundo! Ó! Meu mestre e pai, eu fui então entregue às mãos de uma multidão de atormentados que não tinham piedade e que possuíam uma forma diferente. Ó! que número de bestas selvagens eu vi no caminho! Ó! que número de poderes havia lá que infligiram punição sobre mim! E eu vim para transmitir que quando fui lançado nas trevas exteriores, vi uma grande vala que tinha mais de duzentos *cúbitos* de profundidade, e estava cheia de répteis; cada réptil tinha sete cabeças e o corpo de cada um era como o de um escorpião. Nesse lugar também viveu o Grande Verme, cuja simples visão aterrorizava o que olhava para ele. Em sua boca, ele tinha dentes como estacas de ferro, e um deles me tomou e me atirou para esse Verme, que nunca parava de comer; então, imediatamente, todas as [outras] bestas se reuniram perto dele, e quando havia enchido sua boca [com minha carne], todas as bestas que estavam em torno de mim encheram as delas". Em resposta à pergunta do homem sagrado sobre se ele havia gozado de alguma paz ou período sem sofrimento, a múmia replicou: "Sim! Ó! Meu pai, a piedade é revelada para os que são atormentados todos os sábados e domingos. Assim que o domingo termina, nós somos lançados nos tormentos que merecemos, de modo que podemos esquecer os anos que passamos no mundo; e, tão logo tenhamos esquecido o desgosto desse tormento, somos lançados em outro ainda mais doloroso".

Agora é fácil ver, a partir da descrição dos tormentos acima, que era esperado que os perversos sofressem, que o autor tinha em sua mente algumas das pinturas com as quais estamos agora familiarizados, graças às escavações das sepulturas que continuaram no Egito durante os últimos poucos anos; e é fácil ver também que ele, em comum com muitos outros autores coptos, compreendeu seu sentido (das pinturas). As trevas exteriores, o mais escuro lugar de todo o outro mundo, o rio de fogo, as covas de fogo, a serpente e o escorpião, e coisas como essas, todas têm suas cópias, ou mais exatamente originais, nas cenas que acompanham os textos que descrevem a passagem do sol pelo outro mundo durante as horas da noite. Uma vez tendo compreendido o sentido geral de tais cenas, foi fácil converter os inimigos de Rá, o Deus-Sol, nas almas dos condenados e procurar a consumação desses inimigos – que eram, afinal de contas, apenas alguns poderes da natureza personificados como punição bem merecida daqueles que fizeram o mal sobre a Terra. Não podemos dizer quando os coptos reproduziram inconscientemente as visões que foram sustentadas por seus ancestrais por milhares de anos, mas mesmo depois que muitas concessões foram feitas a essa possibilidade, permanece ainda para ser explicado um grande número de crenças e visões que parecem ter sido o produto peculiar da imaginação cristã egípcia.

Foi dito anteriormente que a ideia do julgamento dos mortos é muito antiga no Egito; de fato, ela é tão remota que é inútil tentar verificar a data em que foi desenvolvida primeiro. Nos textos religiosos mais antigos que conhecemos, há indicações de que os egípcios esperavam um julgamento, mas eles não estão suficientemente definidos para serem discutidos; é certamente duvidoso se se pensava que o julgamento era tão meticuloso e tão investigativo naquele tempo quanto no período mais recente. No tempo do reino de Men-kau-Rá, o Mycerinus dos gregos, em torno de 3600 a.c., um texto religioso, que posteriormente formou o capítulo 30B do *Livro dos Mortos*, foi encontrado inscrito em uma placa de ferro, com a caligrafia do deus Thoth, pelo régio filho ou príncipe Herutâtâf[80]. O propósito original da composição desse texto não pode ser identificado, mas há pouca dúvida de que pretendia prevenir seu coração de "renegá-lo no outro mundo". Na primeira parte do texto, o finado, depois de suplicar seu coração, diz: "Que nada possa se levantar para se opor a mim no julgamento; que não haja oposição na presença dos príncipes soberanos; que não haja separação entre ti e mim na presença daquele que guarda a Balança!... Possam os oficiais da corte de Osíris (em egípcio *Shenit*), que formam as condições das vidas dos homens, não causarem má reputação ao meu nome! Permita que [o julgamento] seja satisfatório para mim, e permita que o interrogatório seja satisfatório para mim, e permita-me ter alegria de coração na pesagem das palavras. Não permita que aquela que é falsa seja pronunciada contra mim diante do Grande Deus, o Senhor de Amentet".

Agora, embora o papiro, no qual essa declaração e prece se encontram, tenha sido escrito em torno de dois mil anos depois que Men-kau-Rá reinou, não há dúvida de que elas foram copiadas de textos que foram, eles mesmos, copiados em um

---

80. Ed. Amélineau, Paris, 1887, p. 144 f.

período mais antigo, e que a história da descoberta do texto inscrito em uma placa de ferro é contemporânea à sua verdadeira descoberta por Herutâtâf. Não é necessário indagar aqui se a palavra "descoberta" (em egípcio *qem*) significa uma descoberta genuína ou não, mas está claro que aqueles que copiaram o papiro não viram absurdo ou impropriedade em atribuir o texto ao período de Men-kau-Rá. Outro texto, que posteriormente também se tornou um capítulo do *Livro dos Mortos* sob o título: "Capítulo de não deixar o coração do finado ser afastado dele no outro mundo", foi inscrito em um ataúde da XI dinastia, em torno de 2500 a.C., no qual nós temos a seguinte súplica: "Que nada possa se levantar para opor-se a mim no julgamento na presença dos senhores do julgamento (literalmente, 'senhores das coisas'); não permita que falem de mim e daquilo que eu fiz, 'Ele realizou feitos contra aquele que é muito correto e verdadeiro'; que nada possa ficar contra mim na presença do Grande Deus, o Senhor de Amentet." Dessas passagens estamos certos assumindo que antes do fim da IV dinastia, a ideia de ser "pesado na balança" já estava desenvolvida; que as escolas religiosas do Egito haviam designado para um deus a tarefa de observar a balança quando os casos eram julgados; que essa pesagem na balança acontecia na presença dos seres chamados Shenit, os quais, acreditava-se, controlavam os atos e os feitos dos homens; que se pensava que a evidência desfavorável do finado poderia ser produzida por seus inimigos no julgamento; que a pesagem acontecia na presença do Grande Deus, o Senhor de Amentet; e que o coração do finado poderia reprová-lo tanto física quanto moralmente. O finado dirige-se ao seu coração, chamando-o de sua "mãe"; e, em seguida, o identifica com o seu *ka* ou cópia, unindo a menção do *ka* com o nome do deus Khnemu: esses fatos são extremamente importantes, pois provam que o finado considerava seu coração como a fonte da vida e existência, e a menção do deus Khnemu leva a data da composição de volta a um período contemporâneo ao início do pensamento religioso no Egito. Foi o deus Khnemu quem assistiu Thoth na execução dos comandos de Deus na criação (durante a criação), e uma escultura muito interessante em Philae revela Khnemu em flagrante a moldar o homem em uma roda de oleiro. O finado, ao mencionar o nome de Khnemu, parece invocar sua ajuda no julgamento como modelador do homem, e como o ser que é, em alguns aspectos, responsável pelo seu modo de vida sobre a terra.

No Capítulo 30A não há menção feita ao "guardião da balança", e o finado diz: "Que nada seja satisfatório para opor a mim no julgamento na presença dos senhores das coisas!" Os "senhores das coisas" podem ser tanto os "senhores da criação", os grandes deuses cósmicos, quanto os "senhores dos casos" [do tribunal de julgamento], do julgamento. Neste capítulo, o finado não se dirige a Khnemu, mas "aos deuses que habitam nas nuvens divinas, e que são exaltados em razão de seus cetros", isto é, os quatro deuses dos pontos cardeais, chamados Mestha, Hâpi, Tuamutef e Qebhsennuf, que também presidiram os principais órgãos internos do corpo humano. Aqui novamente parece que o finado estava ansioso para fazer esses deuses de alguma forma responsáveis pelos atos realizados por ele em sua vida, visto que tinham poderes sobre os órgãos que eram os principais executores de suas ações. De qualquer maneira, ele os considera a luz dos intercessores, pois lhes suplica para que "digam palavras justas para Rá" em seu favor, e o façam prosperar diante da deusa Nehebka. Nesse caso, o favor de Rá, o Deus-Sol, o emblema visível do Deus onipotente e eterno, é procurado, e também o da deusa serpente, cujos atributos não estão ainda precisamente definidos, mas que têm muito a fazer com os destinos dos mortos. Não é feita nenhuma menção ao Senhor de Amentet-Osíris.

Antes que passemos às considerações sobre a maneira como o julgamento é descrito nos melhores exemplos dos papiros ilustrados, deve ser feita referência a uma interessante vinheta nos papiros de Nebseni[81] e Amen-neb[82]. Em ambos os papiros vemos uma figura do finado sendo pesado na balança em comparação com seu próprio coração na presença do deus Osíris. Parece provável que uma crença fosse corrente em um tempo no Antigo Egito no que concerne à possibilidade do corpo ser pesado em oposição ao coração, com a intenção de descobrir se o primeiro havia obedecido aos ditames do último; seja como for, contudo, é quase certo que essa notável variante da vinheta do Capítulo 30B tivesse algum significado especial e, como ocorreu em dois papiros que datam da XVIII dinastia, é legítimo assumir que isso representa uma crença que pertence a um período mais antigo. O julgamento aqui descrito deve, em qualquer caso, ser diferente daquele que forma tal cena admirável nos papiros ilustrados mais recentes da XVIII dinastia e seguintes.

Provamos agora que a ideia do julgamento dos mortos era aceita nos escritos religiosos na época da IV dinastia, em torno de 3600 a.C., mas temos que esperar cerca de dois mil anos antes que encontremos isso em forma de pintura. Certas cenas são encontradas no *Livro dos Mortos* como vinhetas acompanhando certos textos ou capítulos, como os Campos de Hetep ou os Campos Elíseos, são extremamente antigas, e estão em sarcófagos das XI e XII dinastias. Nos mais antigos papiros tebanos do *Livro dos Mortos* não há Cena de Julgamento disponível, e quando nós a encontramos, procurando em documentos autorizados como o Papiro de Nebseni e o de Nu[83], devemos supor que havia alguma razão para sua omissão. Nos grandes papiros ilustrados nos quais a Cena do Julgamento é dada na íntegra, notaremos que ela vem

---

81. Veja *O capítulo para o surgimento durante o dia*, tradução, p. 80.
82. Museu Britânico, nº 9.900.
83. Museu Britânico, nº 9.964.

no início do trabalho e que é precedida por hinos e por vinhetas. Assim, no Papiro de Ani[84] temos um hino para Rá, seguido por uma vinheta representando o nascer do sol, e um hino para Osíris; e no Papiro de Hunefer[85], apesar de os hinos serem diferentes, a disposição é a mesma. É legítimo, então, assumir que o hino e a Cena do Julgamento, juntos, formaram uma seção introdutória do *Livro dos Mortos*, e é possível que ela indique a existência da crença, pelo menos durante o período do maior poder dos sacerdotes de Amen, de 1700 a 800 a.c., de que o julgamento dos mortos sobre os atos praticados quando no corpo precedeu a admissão dos mortos no reino de Osíris. Como os hinos que acompanham a Cena do Julgamento são bons exemplos de composições devocionais de uma classe alta, algumas traduções são dadas aqui.

Hino para Rá[86]

Homenagem a ti, Ó! Tu que te levantas em Nu[87] e que em tua manifestação fazes o mundo brilhar com luz; todo o grupo dos deuses canta hinos de louvor para ti depois que tu apareces. A divina Merti[88], deusa que ministra para ti carinhos, a ti como Rei do Norte e do Sul, tu belo e bem-amado Homem-criança. Quando tu te levantas, homens e mulheres vivem. As nações se regozijam em ti, e as Almas de Annu[89] (Heliópolis) te cantam canções de alegria. As Almas da cidade de Pe[90] e as Almas da cidade de Nekhen[91] te exaltam, os macacos do amanhecer te adoram e todas as bestas e o gado louvam a ti com um acorde.

---
84. Museu Britânico, nº 10.477.
85. Museu Britânico, nº 10.470.
86. Museu Britânico, nº 9.901.
87. Veja *O capítulo para o surgimento durante o dia*, p. 7.
88. O céu personificado.
89. Literalmente, os Dois Olhos, como Ísis e Néftis.
90. Rá e Tefnut.
91. Parte da cidade de Buto (Per-Uatchit). As almas de Pe eram Hórus, Mestha, Hâpi.

A deusa Seba depõe teus inimigos, por esse motivo tu te regozijaste em teu barco; teus navegadores estão contentes ali. Tu alcançaste o barco de Âtet[92], e teu coração se enche de alegria. Ó! Senhor dos deuses, quando tu os criaste eles gritaram de alegria. A deusa do céu Nut alcança a ti com seus raios de luz. Ó! Lança tu tua luz sobre mim e me deixa ver tuas belezas, e quando tu nasceres sobre a terra eu cantarei louvores para tua justa face. Tu te levantaste no horizonte do céu, e teu disco é adorado quando repousas na montanha para dar vida ao mundo.

"Tu te levantas, tu te levantas, e tu sais da deusa Nut. Tu renovas tua juventude, e tu te colocas a ti no mesmo lugar onde tu estavas ontem. Ó! Tu, divina criança, que criaste a ti mesma, eu não sou capaz [de descrever] a ti. Tu vieste com tua elevação, e tu fizeste céu e terra resplandecentes com teus raios de pura luz de esmeralda. A terra de Punt[93] está estabelecida [para dar] os perfumes que tu cheiraste com tuas narinas. Tu levantas, Ó! Maravilhoso Ser, no céu, e as duas deusas-serpentes, Merti, estabeleceram-se em teu semblante. Tu és o transmissor das leis, Ó! Tu senhor do mundo e de todos os seus habitantes; todos os deuses te adoram."

Hino para Osíris[94]

Glória a ti, Ó! Osíris Un-nefer, o grande deus em Abidos, rei da eternidade e senhor da eternidade, o deus que passa por milhões de anos em sua existência. Tu és o filho mais velho do ventre de Nut, tu foste engendrado por Seb, o Antepassado dos deuses, tu és o senhor das Coroas do Norte e do Sul, e da soberba coroa branca. Como Príncipe dos deuses e dos homens tu recebeste o cajado, o chicote e a dignidade dos pais divinos.

---

92. Hórus, Tuamutef e Qebhsennuf.
93. O barco no qual o sol viaja até o meio-dia.
94. A terra em cada lado do Mar Vermelho e nordeste da África.

Deixa teu coração que está na montanha de Ament[95] ser satisfeito, pois teu filho Hórus está estabelecido em teu trono. Tu foste coroado o senhor de Tattu (Mandes), o governante em Abtu (Abidos). Por meio de ti o mundo torna-se verde em triunfo diante do poder de Neb-er-tcher[96]. Tu guias comitiva em que está, e aquela que não está ainda, em teu nome de 'Osíris'; tu suportas para sempre e para sempre em teu nome 'Un-nefer'.

Homenagem a ti, Ó! Tu Rei dos reis, Senhor dos senhores, Príncipe dos príncipes! Do ventre de Nut, governaste o mundo e o outro mundo. Teu corpo é de metal brilhante e reluzente, tua cabeça é azul-celeste e o brilho da turquesa te envolve. Ó! Tu deus An, que tiveste existência por milhões de anos, que permeias todas as coisas com teu corpo, que és belo em fisionomia na Terra da Santidade (o outro mundo), concede tu para mim esplendor no céu, poder sobre a terra e triunfo no outro mundo. Concede tu que eu possa navegar para Tattu como uma alva viva, e para Abtu como a fênix; e concede que eu possa entrar e sair das torres das terras do outro mundo sem permissão ou impedimento. Possam os pães ser dados a mim na casa da serenidade e as oferendas de alimento e bebida em Annu (Heliópolis), e a propriedade para sempre e para sempre no Campo dos Juncos[97] com trigo e cevada neste lugar.

No longo e importante hino no Papiro de Hunefer[98], ocorre a súplica seguinte, que é colocada na boca dos finados:

"Concede que eu siga na comitiva de tua Majestade da mesma forma que fiz sobre a terra. Permite que a minha alma seja chamada [à presença], e deixe ser encontrada ao lado dos senhores da Justiça e da Verdade. Eu vim para a Cidade de Deus, a região que existiu em tempo primitivo, com [minha] alma,

---

95. Veja *O capítulo para o surgimento durante o dia*, p. 11.
96. O outro mundo.
97. Um nome de Osíris.
98. Uma divisão dos "Campos da Paz" ou Campos Elíseos.

e com [minha] cópia, e com [minha] forma translúcida, para habitar nessa terra. O Deus deste lugar é o senhor da justiça da verdade, ele é o senhor da *tchefau*, alimento dos deuses, e é mais sagrado. Sua terra dele arrasta para ela mesma toda terra; o Sol vem navegando rio abaixo para este lugar, e o Norte, conduzido para lá pelo vento, vem diariamente fazer o festival neste lugar de acordo com o comando do Deus que é o Senhor da paz neste lugar. E ele não diz: 'A alegria daquele lugar é uma preocupação para mim?' O deus que ali habita faz trabalhar o justo e o verdadeiro; para o que faz essas coisas, ele dá longevidade, e para o que segue depois, condição e honra, até finalmente ele conseguir um feliz funeral e enterramento na Terra Sagrada" (o outro mundo).

O finado declamou essas palavras de oração e adoração a Rá, o símbolo do Deus Onipotente e para o seu filho Osíris, a seguir "apareceu para o Tribunal de Maâti, que pode ser separado de todo pecado que ele fez, e pode contemplar as faces dos deuses."[99] Desde os tempos mais antigos, a Maâti eram as duas deusas Ísis e Néftis, e elas eram assim chamadas porque representaram as ideias da honestidade, integridade, justeza, o que é correto, a verdade, e coisas semelhantes; a palavra Maat originalmente significava um junco ou uma vara medidos. Suponha-se que elas tanto se sentassem no Tribunal de Maat fora do santuário de Osíris, ou que ficassem ao lado desse deus no santuário; um exemplo da primeira posição será visto no Papiro de Ani (Lâmina 31), e do segundo no Papiro de Hunefer (Lâmina 4). A ideia original do Tribunal de Maat ou Maâti era que ele continha 42 deuses, um fato que nós podemos ver nas passagens seguintes na Introdução ao Capítulo CXXV do *Livro dos Mortos*. O finado diz para Osíris:

"Homenagem a ti, Ó! tu grande Deus, tu Senhor das duas deusas de Maat! Eu vim a ti, Ó! Meu Senhor, e fiz a mim mes-

---

99. Veja *O capítulo para o surgimento durante o dia*, pp. 343-346.

mo vir para cá para que eu possa contemplar suas belezas. Eu conheço o teu nome, e eu conheço os nomes dos 42 deuses que vivem contigo nesse Tribunal de Maâti, que vivem como vigias dos pecadores e que alimentam seu sangue naquele dia em que as pessoas (*ou* vidas) dos homens são avaliadas (*ou* tomadas em conta) na presença do deus Un-nefer.

Na verdade, Deus de Rekhti-Merti (as irmãs gêmeas dos dois olhos), o Senhor da cidade de Maâti é teu nome. Na verdade, eu vim a ti, te trouxe Maat, e destruí a perversidade."

O finado então vai enumerar os pecados e as ofensas que ele não cometeu, e conclui dizendo: "Eu sou puro; eu sou puro; eu sou puro; eu sou puro. Minha pureza é a pureza do grande Bennu, que está na cidade de Suten-henen (Heracleópolis), pois, contempla, sou as narinas do Deus da respiração, que faz toda humanidade viver no dia em que o Olho de Rá estiver inteiramente em Annu (Heliópolis) no fim do segundo mês da estação PERT[100]. Eu vi o Olho de Rá quando ele estava inteiramente em Annu[101]; por esse motivo, não deixe que o mal aconteça a mim nem nesta Terra, nem neste Tribunal de Maâti, porque eu, mesmo eu, sei os nomes dos deuses que estão neste lugar."

Agora como os deuses que vivem no Tribunal de Maat com Osíris são 42 em número, nós deveríamos esperar que 42 pecados ou ofensas fossem mencionados nos discursos que o falecido faz para eles; mas esse não é o caso, pois os pecados enumerados na Introdução nunca atingiram esse número. Nos grandes papiros ilustrados das XVIII e XIX dinastias achamos, contudo, que apesar do fato de que um grande número de pecados, que o finado declara que não cometeu, são mencionados na Introdução, os escribas e artistas acrescentaram uma série de declarações negativas, 42 em número, que eles dispuseram

---

100. Esta citação é do título do Capítulo CXXV do *Livro dos Mortos*.
101. O último dia do sexto mês do ano egípcio, chamado pelos coptas de Mekhir.

em forma de tabela. Isso, claramente, é uma tentativa de fazer os pecados mencionados iguais em número aos deuses do Tribunal de Maat, e pareceria como se eles preferissem compor uma forma inteiramente nova dessa seção do Capítulo CXXV a fazer qualquer tentativa para adicionar ou alterar a seção antiga. Os artistas, então, pintaram um Tribunal de Maat, cujas portas estão amplamente abertas, e cuja cornija é formada de *uraei* e plumas, símbolo de Maat. No meio da cornija está a divindade sentada com as mãos estendidas, a direita sobre o Olho de Hórus e a esquerda sobre um lago. No fundo do Tribunal estão sentadas as deusas de Maat, Ísis e Néftis, o falecido adorando Osíris que está sentado em um trono, uma balança com o coração do finado em um dos pratos, e a pluma simbólica de Maat no outro, e Thoth pintando uma grande pluma. Nesse Tribunal se sentam os 42 deuses, e como o finado passa por cada um deles, o finado se dirige a eles por seus nomes e ao mesmo tempo declara que não cometeu determinado pecado. Um exame dos diferentes papiros mostra que os escribas sempre se enganavam escrevendo essa lista de deuses e lista de pecados, e, como resultado, é feito com que o finado recite diante de um deus a confissão que pertence estritamente a outro. Visto que o finado sempre diz, depois de pronunciar o nome de cada deus: "Eu não fiz" tal e tal pecado, o conjunto de discursos foi chamado de a "Confissão Negativa". As ideias fundamentais da religião e moralidade que sustentam essa Confissão são extremamente antigas, e nós podemos concluir daí com certa clareza o que os egípcios antigos acreditavam constituir tarefa com respeito a Deus e a seu vizinho.

 É impossível explicar o fato de que apenas 42 deuses são mencionados, e igualmente por que esse número foi adotado. Alguns acreditaram que os 42 deuses representam cada um deles um *nome* do Egito, e se dá muito apoio a essa visão pelo fato de que a maioria das listas de *nomes* faz com que o número seja 42; mas então, novamente, as listas não estão de acordo uma com a outra. Os autores clássicos diferem também, visto que entre alguns desses autores é dito que os *nomes* são 36 em número, e entre outros 46 são enumerados. Essas diferenças podem, contudo, ser facilmente explicadas, pois a administração central pode a qualquer momento ter adicionado ou tirado do número de *nomes* para considerações fiscais ou outras, e nós devemos provavelmente estar corretos assumindo que, na época em que a Confissão Negativa era redigida na forma tabular na qual nós a encontramos na XVIII dinastia, os *nomes* eram 42 em número. Também é emprestado apoio a essa visão pelo fato de que a forma da Confissão mais recente, que compõe a Introdução do Capítulo CXXV, menciona menos que 40 pecados. Incidentalmente nós podemos notar que os 42 deuses são subservientes a Osíris, e que eles apenas ocupam uma posição subordinada no Tribunal de Julgamento, pois é o resultado da pesagem do coração do finado na balança que decide seu futuro. Antes de passar para a descrição do Tribunal de Julgamento, onde a balança é colocada, é necessário interpretar a Confissão Negativa que, presumivelmente, o finado recita antes que seu coração seja pesado na balança; ela é feita do Papiro de Nu[102].

1. "Salve! Usekh-nemtet (de passos largos), que saíste de Annu (Heliópolis), eu não cometi iniquidades."

2. "Salve! Hept-seshet (Abraçado pela chama), que saíste de Kher-âba[103], eu não roubei com violência."

3. "Salve! Fenti (Nariz), que saíste de Khemennu (Hermópolis), eu não cometi violência a nenhum homem."

---

102. A alusão aqui parece ser ao solstício de verão ou de inverno.
103. Museu Britânico, nº 10.477.

4. "Salve! Âm-khaibitu (Devorador de sombras), que saíste de Qereret (a caverna onde o Nilo se origina), eu não cometi furtos."

5. "Salve! Neha-hra (Face horrível), que saíste de Restau, eu não assassinei nem homem nem mulher."

6. "Salve! Rereti (Duplo Deus-leão), que saíste do céu, eu não tornei mais leves as medidas."

7. "Salve! Maata-f-em-seshet (Olhos de fogo), que saíste de Sekhem (Letópolis), eu não agi de forma fraudulenta."

8. "Salve! Neba (Chama), que saíste e te retiraste, eu não furtei as coisas que pertencem a Deus."

9. "Salve! Seth-qesu (Esmagador de ossos), que saíste de Suten-hcnen (Heracleópolis), eu não proferi calúnias."

10. "Salve! Khemi (Transformador), que saíste de Shetait (o lugar oculto), eu não carreguei mercadorias pela força."

11. "Salve! Uatch-nesert (Aquele de Chama Vigorosa), que saíste de Het-ka-Ptah (Mênfis), eu não pronunciei palavras vis (ou más)."

12. "Salve! Hra-f-ha-f (O que tem a face atrás de si), que saíste da caverna e o abismo, eu não carreguei alimento pela força."

13. "Salve! Qerti (a dupla fonte do Nilo), que saíste do Outro mundo, eu não agi de forma fraudulenta."

14. "Salve! Ta-ret (Pé de fogo), que saíste do fogo, eu não comi meu coração (perdi minha serenidade e fiquei zangado)."

15. "Salve! Hetch-abehu (Dentes brilhantes), que saíste de Ta-she (o Tayyûm), eu não invadi [a terra do homem]."

16. "Salve! Âm-senef (Devorador de sangue), que saíste da casa do bloco, eu não abati animais que são as possessões de Deus."

17. "Salve! Âm-besek (Devorador de vísceras), que saíste de Mâbet, eu não devastei as terras que foram aradas."

18. "Salve! Neb-Maat (Senhor de Maat), que saíste da cidade dos dois Maâti, eu não me intrometi em assuntos para causar danos."

19. "Salve! Thenemi (Acolhedor), que saíste de Bast (Bubastis), eu não coloquei minha boca em movimento contra nenhum homem."

20. "Salve! Anti, que saíste de Annu (Heliópolis), eu não dei chance à cólera sem devida causa."

21. "Salve! Tututef, que saíste do nome de Ati, eu não cometi fornicação e não cometi sodomia."

22. "Salve! Uamemti, que saíste da casa da matança, eu não profanei a mim mesmo."

23. "Salve! Maa-ant-f (Profeta do que é trazido a ele), que saíste da casa do deus Amsu, eu não me deitei com a esposa de um homem."

24. "Salve! Her-seru, que saíste de Nehatu, eu não fiz nenhum homem ter medo."

25. "Salve! Neb-Sekhem, que saíste do Lago de Kaui, eu não fiz meu discurso para queimar com cólera."

26. "Salve! Seshet-kheru (Orador), que saíste de Urit, eu não me fiz de surdo às palavras de justiça e verdade."

27. "Salve! Nekhen (Babe), que saíste do Lago de Heqât, eu não fiz outra pessoa chorar."

28. "Salve! Kenemti, que saíste de Kenemet, eu não pronunciei blasfêmias."

29. "Salve! An-hetep-f (Que traz suas oferendas), que saíste de Sau, eu não agi com violência."

30. "Salve! Ser-kheru (Regulador dos discursos), que saíste de Unsi, eu não apressei meu coração."

31. "Salve! Neb-hrau (Senhor das Faces), que saíste de Netchefet, eu não perfurei (?) minha pele e não me vinguei do deus."

32. "Salve! Serekhi, que saíste de Uthent, eu não multipliquei meu discurso além do que deve ser dito."

33. "Salve! Neb-âbui (Senhor dos chifres), que saíste de Sauti, eu não cometi fraude, [e eu não] procurei o mal."

34. "Salve! Nefer-Tem, que saíste de Ptah-het-ka (Mênfis), eu não pronunciei blasfêmias contra o rei."

35. "Salve! Tem-sep, que saíste de Tattu, eu não sujei os cursos de água."

36. "Salve! Ari-em-ab-f, que saíste de Tebti, eu não exaltei meu discurso."

37. "Salve! Ahi, que saíste de Nu, eu não pronunciei blasfêmias contra Deus."

38. "Salve! Uatch-rekhit [que saíste do santuário dele (?)], eu não me comportei com insolência."

39. "Salve! Neheb-nefert, que saíste do templo dele, eu não fiz distinções."[104]

40. "Salve! Neheb-kau, que saíste de tua caverna, eu não aumentei minha riqueza exceto por meio de coisas como são minhas próprias posses."

41. "Salve! Tcheser-tep, que saíste de teu santuário, eu não pronunciei basfêmias contra o que pertence a Deus e está comigo."

42. "Salve! An-â-f (Que apresenta seus braços), [que saíste de Aukert], eu não pensei com desprezo do deus da cidade."

Um breve exame dessa "Confissão" mostra que o código moral egípcio era muito compreensivo e seria muito difícil encontrar um ato, que seria avaliado pela comissão como um pecado quando a "Confissão" fosse acrescentada, o que não está incluído sob uma ou outra parte. As expressões das palavras de certos pecados não são sempre definidas ou exatas, porque nós não conhecemos a ideia precisa que o estruturador desse documento notável tinha. O finado declara que ele nem execrou a Deus, nem pensou blasfêmias sobre o deus da cidade, nem execrou o rei, nem cometeu furto de qualquer tipo, nem matou, nem cometeu adultério, nem sodomia, nem crimes contra o deus da geração; ele não foi arrogante ou insolente, ou violento, ou colérico, ou impaciente de fato, ou um hipócrita, ou um corruptor de pessoas, ou blasfemo, ou astuto, ou avarento, ou fraudulento, ou surdo às palavras velosas, ou um cúmplice de ações más, ou orgulhoso, ou envaidecido; ele não aterrorizou nenhum homem, ele não trapaceou no mercado, nem sujou o curso de água público nem devastou a terra arada da comunidade. Isso

---

104. Uma cidade próxima de Mênfis.

é, em resumo, a confissão que o finado faz; e o próximo ato na Cena de Julgamento varia grandemente em vários papiros, mas suas partes essenciais são sempre preservadas. O que segue é a descrição do julgamento de Ani, como aparece em seu maravilhoso papiro preservado no Museu Britânico.

No outro mundo, e naquela sua porção chamada de Tribunal de Maâti, é colocada uma balança onde o coração do finado será pesado. O travessão é suspenso por um anel em uma projeção da coluna da balança feita na forma da pluma que é o símbolo de Maat, ou o que é justo e verdadeiro. A língua da balança é fixada ao travessão, e quando isso é exatamente nivelado, a língua fica tão reta quanto a base; se qualquer extremidade do travessão inclina para baixo a língua não pode permanecer em uma posição perpendicular. Deve-se entender de maneira diferente que não era esperado que o coração que foi pesado em um prato atingisse o peso que estava na outra ponta do travessão, pois tudo o que foi perguntado ou exigido do finado era que seu coração pesasse exatamente o mesmo que o símbolo da lei. A medida era às vezes superada por uma cabeça humana usando a pluma de Maat; às vezes pela cabeça de um chacal, o animal sagrado para Anúbis; e às vezes pela cabeça de uma íbis, o pássaro sagrado para Thoth; no Papiro de Ani, um macaco com cabeça de cachorro, o companheiro de Thoth, se senta no topo do pedestal. Em alguns papiros (aqueles de Ani[105] e Hunefer[106]), além de Osíris, o rei do outro mundo e juiz dos mortos, os deuses de seu ciclo ou grupo aparecem como testemunhas do julgamento. No Papiro da sacerdotisa Anhai[107] no Museu Britânico, os grandes e pequenos grupos de deuses aparecem como sacerdotisas, mas o artista era tão cuidadoso que, em lugar de nove deuses em cada grupo, pintou seis em

---
105. Eu não fui culpado de favoritismo.
106. Por volta de 1500 a.C.
107. Por volta de 1370 a.C.

Ilustração 24 - A pesagem do coração do escriba Ani na balança na presença dos deuses.

um e cinco no outro. No Papiro de Turim[108] nós vemos a totalidade dos 42 deuses, para quem o finado recitava a "Confissão Negativa", sentado no tribunal de julgamento.

Do Livro de Am-Tuat

Os deuses presentes na pesagem do coração de Ani são:

1. RÁ-HARMACHIS, cabeça de falcão, o Deus-Sol do amanhecer e do meio-dia.

2. TEMU, o Deus-Sol do entardecer, o grande deus de Heliópolis. Ele é descrito sempre em forma humana e com a face de um homem, fato que prova que, em um período muito antigo, ele tinha passado por todas as formas nas quais os deuses são representados, e havia chegado à de um homem. Ele tem em sua cabeça as coroas do Sul e do Norte.

3. SHU, cabeça de homem, o filho de Rá e Hathor, a personificação da luz do sol.

---

108. Por volta de 1000 a.C.

4. TEFNUT, cabeça de leão, a irmã gêmea de Shu, a personificação da umidade.

5. SEB, cabeça de homem, o filho de Shu, a personificação da terra.

6. NUT, cabeça de mulher, a contraparte feminina dos deuses Nu e Seb; ela era a personificação da água primordial, e mais tarde do céu.

7. ÍSIS, cabeça de mulher, a irmã-esposa de Osíris, e mãe de Hórus.

8. NÉFTIS, cabeça de mulher, a irmã-esposa de Osíris*, e mãe de Anubis.

9. HÓRUS, o "grande deus", cabeça de falcão, cujo culto era provavelmente o mais antigo no Egito.

10. HATHOR, cabeça de mulher, a personificação daquela porção do céu onde o sol se levanta e se põe.

11. HU, cabeça de homem.

12. SA, também cabeça de homem; esses deuses estão presentes no barco de Rá nas cenas que descrevem a criação.

De um lado da balança está ajoelhado o deus Anúbis, cabeça de chacal, que segura o peso da língua da balança na mão direita, e atrás dele está em pé Thoth, o escriba dos deuses, cabeça de íbis, segurando em suas mãos um junco no qual escreve o resultado da pesagem. Perto dele está sentada a besta triforme Âm-mit, o "Devorador dos Mortos", que espera para devorar o coração de Ani, caso ele seja considerado leve. No

---

* N. do T.: Foi mencionado que Néftis teve uma relação amorosa com Osíris, mas ela não foi casada com Osíris, e sim com Set, também seu irmão.

Papiro de Neb-qet, em Paris, essa besta é vista deitada ao lado de um lago de fogo, em cada lado da qual está sentado um macaco com cabeça de cachorro; esse lago é também visto no Capítulo CXXVI do *Livro dos Mortos*. Os deuses que estão sentados diante de uma mesa de oferendas, e Anúbis, e Thoth, e Âm-mit, são os seres que conduzem o caso, por assim dizer, contra Ani.

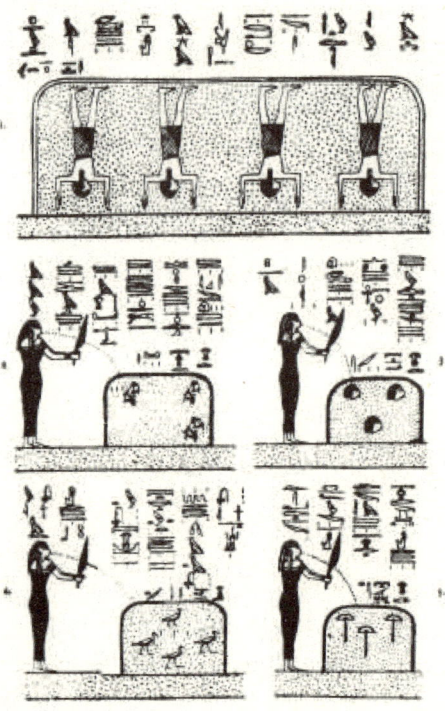

Ilustração 25
1. O perverso lançado de cabeça para baixo em uma cova de fogo.
2. Inimigos sendo queimados em uma cova de fogo.
3. As cabeças das condenadas sendo queimadas em uma cova de fogo.
4. As almas das condenadas sendo queimadas em uma cova de fogo.
5. As sombras dos condenados sendo queimadas em uma cova de fogo.

No outro lado da balança está Ani e sua esposa Thuthu com suas cabeças reverentemente curvadas; eles estão descritos em forma humana e com roupas e ornamentos similares aos que usavam na terra. Sua alma, na forma de um falcão com cabeça de homem em pé sobre uma torre, está presente, também um objeto retangular com cabeça de homem colocado em uma torre, que era suposto frequentemente representar o finado em um estado embrionário. No Papiro de Anhai dois desses objetos aparecem um em cada lado da balança; eles são descritos como Shai e Renenet, duas palavras que são traduzidas como "Destino" e "Fortuna", respectivamente. É mais provável, como a leitura do nome do objeto é *Meskhenet*, e como a divindade Meskhenet representa às vezes ambos, Shai e Renenet, que o artista teve a pretensão de que o objeto representasse ambas as divindades, mesmo que nós encontremos o deus Shai em pé abaixo dele, nas proximidades da base da balança. Próximo à alma estão duas deusas chamadas Meskhenet e Renenet, respectivamente; a primeira é, provavelmente, uma das quatro deusas que assistiram à ressureição de Osíris, e a última é a personificação da *Fortuna*, que já foi incluída relacionada ao objeto *Meskhenet*, mencionado acima, a personificação do Destino.

Será lembrado que Meskhenet acompanhou Ísis, Néftis, Heqet[*] e Khnemu à casa da dama Rut-Tettet, que estava a ponto de dar à luz três crianças. Quando essas divindades chegaram, mudaram suas formas para as de mulheres, ali encontraram Rá-user postado. E quando eles fizeram música para ele, lhes disse: "Senhoras, há uma mulher em trabalho de parto aqui"; e "elas"[**] responderam: "Deixe-nos vê-la, pois nós sabemos

---

[*]N. do T.: Representada como uma mulher com a cabeça de uma rã, Heqet é a parteira de Netjer, dirigindo todos os nascimentos e particularmente os da realeza
[**]N. do T.: Na verdade "eles", já que Khnemu, conforme mencionado, tomou forma de mulher.

como salvar uma mulher." Rá-user, então, as trouxe para dentro da casa, e as deusas se trancaram com a dama Rut-Tettet. Ísis tomou seu lugar diante dela, e Néftis atrás dela, enquanto Heqet apressou o nascimento das crianças; quando cada criança nasceu, Meskhenet dava um passo em direção a ela e dizia: "Um rei que deve ter domínio sobre toda a terra", e o deus Khnemu concedia saúde aos seus membros[109]. Desses cinco deuses: Ísis, Néftis, Meskhenet, Heqet e Khnemu, os três primeiros estão presentes no julgamento de Ani; Khnemu é mencionado consignando a Ani o seu coração (veja a seguir), e apenas Heqet não está representada.

Como a pesagem de seu coração está prestes a acontecer, Ani diz: "Meu coração, minha mãe! Meu coração, minha mãe! Meu coração por meio do qual eu vim à existência! Que nada possa ser colocado para se opor a mim no julgamento; que não haja oposição a mim na presença dos príncipes soberanos; que não haja separação entre mim e você na presença daquele que guarda a Balança! Tu és meu *ka*, o habitante em meu corpo; o deus Khnemu que ligou e fortaleceu meus membros. Possas tu surgir no lugar da felicidade para onde nós vamos. Possam os príncipes da corte de Osíris, que ordenam as circunstâncias das vidas dos homens, não causar má reputação ao meu nome." Alguns papiros acrescentam: "Deixa ser satisfatório para nós, deixa a audiência também ser satisfatória e deixa haver alegria de coração na pesagem das palavras. Não deixe aquilo que é falso ser proferido contra mim diante do grande deus, o senhor de Amentet! Na verdade, quão grande tu serás quando tu te levantares em triunfo!"

A língua da balança tendo sido examinada por Anúbis, e o macaco tendo indicado ao seu companheiro Thoth que o travessão está exatamente reto, e que o coração, portanto, se

---

109. Escrito no período ptolomaico.

equilibra com a pluma simbólica de Maat (justo, verdadeiro, direito, etc.), nem excedendo o peso, nem pesando menos que ele, Thoth registra o resultado, e então faz o seguinte discurso para os deuses:

"Ouçam agora o julgamento. O coração de Osíris foi pesado com muita verdade e sua alma permaneceu como uma testemunha para ele; foi julgado verdadeiro pela prova na Grande Balança. Não foi encontrada nenhuma perversidade; ele não inutilizou as oferendas nos templos; ele não causou prejuízos com seus atos; e ele não espalhou más notícias pelo mundo afora enquanto esteve sobre a terra".

Em resposta a esse relatório, o grupo de deuses, que são tratados por "o grande grupo de deuses", responde: "Aquele que sai da tua boca, Ó! Thoth, que habita em Khemennu (Hermópolis), está confirmado. Osíris, o escriba Ani, triunfante, é sagrado e justo. Ele não pecou nem fez maldade contra nós. O Devorador Âm-mit não será permitido preponderar sobre ele, e oferendas de alimento e a entrada à presença do deus Osíris serão consentidas para ele, em conjunto com uma morada para sempre no Campo da Paz, como para os seguidores de Hórus."

[110]Aqui notamos imediatamente que o finado é identificado com Osíris, o deus e juiz dos mortos, e que eles lhe concederam o próprio nome do deus; a razão disso é como segue. Os amigos do finado lhe fizeram todas as cerimônias e ritos executados para Osíris por Ísis e Néftis, e presumiu-se que, como resultado, as mesmas coisas em favor de Osíris iriam acontecer também em favor do finado e que de fato o finado é identificado com Osíris, de 3400 a.C. ao período romano. Outro ponto para ser notado é a aplicação das palavras *Maat kheru* para este, um termo que eu, por falta de palavra melhor, traduzi como "triunfante". Essas

---

110. Veja Erman, *Westcar Papyrus (Papiros de Westcar)*, Berlim, 1890, transcrições de hieróglifos, lâminas 9 e 10.

palavras de fato significam "voz verdadeira" ou "palavra justa", e indicam que a pessoa a quem elas são aplicadas adquiriu o poder de usar sua voz de tal forma que, quando os seres invisíveis são dirigidos por ela, eles renderão todo o serviço cujo direito de exigir ela conseguiu. É bem conhecido o fato que, nos tempos antigos, mágicos e feiticeiros estavam acostumados a se dirigir aos espíritos ou demônios em um tom de voz peculiar, e que todas as fórmulas mágicas eram recitadas de maneira similar; o uso do som errado ou tom de voz iria resultar nas mais desastrosas consequências para o orador, e talvez em morte. O finado tinha de fazer seu caminho por meio de várias religiões no outro mundo, e passar por uma série de salões, cujas portas estavam guardadas por seres preparados para ser hostis com o recém-chegado, a menos que o finado se dirigisse a eles de forma apropriada; ele também tinha necessidade de entrar em um barco, para obter a ajuda dos deuses e dos poderes das várias localidades para as quais ele necessitaria viajar se quisesse passar a salvo no lugar onde permaneceria. *O Livro dos Mortos* lhe forneceu com os textos e a fórmula que ele teria de recitar para assegurar esse resultado, mas a menos que as palavras contidas fossem pronunciadas de maneira própria, e ditas em um tom de voz próprio, eles não teriam efeito sobre os poderes do outro mundo. O termo *maat khenu* é aplicado muito raramente para os vivos, mas comumente para os mortos, e de fato os mortos precisavam mais do poder que essas palavras indicavam. No caso de Ani, os deuses, tendo aceitado o relatório favorável do resultado obtido pela pesagem do coração de Ani por Thoth, o caracterizam *maat kheru*, que é equivalente a lhe conferir poder para sobrepujar toda oposição, de todo tipo, que ele pode encontrar. Daqui por diante, toda porta abrirá ao seu comando, todo deus se apressará para obedecer assim que Ani pronuncie seu nome, e aqueles que têm por tarefa prover de alimento celestial o beatificado o farão por ele assim que a ordem tenha sido dada. Antes de passar para outros assuntos é interessante notar que o termo *maat kheru* não é aplicado a Ani por ele mesmo na Cena do Julgamento, nem por Thoth, o escriba dos deuses, nem por Hórus quando ele o apresenta a Osíris; apenas os deuses podem fazer um homem *maat kheru*, e assim ele escapa também do Devorador.

O julgamento terminou, Hórus, o filho de Ísis, que assumiu todos os atributos de seu pai, Osíris, toma a mão esquerda de Ani em sua direita e o guia para o santuário onde o deus Osíris está sentado. O deus usa a coroa branca com plumas, e segura na mão um cetro, um cajado e um chicote, ou mangual, que representam a soberania e o domínio. Seu trono é uma sepultura, na qual as portas trancadas e a cornija de *uraei* podem ser vistas pintadas do lado. Atrás de seu pescoço pende o *menat*, ou símbolo de alegria e felicidade; em sua mão direita está Néftis, e em sua mão esquerda Ísis. Diante dele, em pé, em uma flor de lótus, estão as quatro crianças de Hórus, Mestha, Hâpi, Tuamutef e Qebhsennuf, que regiam e protegiam os intestinos dos mortos; perto pende a pele de um touro à qual parecem ter sido associadas ideias mágicas. O topo do santuário no qual o deus se senta é coroado por *uraei*, usando discos em suas cabeças, e a cornija também é similarmente decorada. Em diversos papiros, o deus é visto em pé no santuário, às vezes com e outras sem as deusas Ísis e Néftis. No Papiro de Hunefer encontramos uma variante mais interessante dessa porção da cena, pois o trono de Osíris fica na água, ou dentro dela. Isso nos lembra a passagem no Capítulo CXXVI do *Livro dos Mortos* no qual o deus Thoth diz ao finado: "Quem é ele, cujo telhado é de fogo, cujas paredes são de *uraei* vivo, e o chão de cuja casa é um curso de água corrente? Quem é ele, sobre quem eu falo?" O finado responde: "É Osíris", e o deus diz: "Aparece, então; pois realmente tu serás mencionado [para ele]."

Ilustração 26 - Hórus, o filho de Ísis, guiando o escriba Ani à presença de Osíris, o deus e juiz dos mortos; diante do santuário do deus, Ani ajoelha-se em adoração e apresenta oferendas.

Quando Hórus havia deixado Ani, dirigiu-se a Osíris dizendo: "Eu vim a ti, Ó! Un-nefer, e trouxe o Ani de Osíris a ti. Seu coração foi julgado justo e saiu da balança; ele não pecou contra nenhum deus ou nenhuma deusa. Thoth o pesou de acordo com o decreto emitido para ele pelo grupo dos deuses; e é muito verdadeiro e justo. Concede-lhe doces e ale*; e deixa-o entrar em tua presença; e que ele possa ser como os seguidores de Hórus para sempre!" Depois disso, Ani dirige-se a ele, ajoelhando-se ao lado das mesas de oferendas de fruta, flores, etc., trazidos para Osíris, diz: "Ó! Senhor de Amentet, eu estou em tua presença. Não há pecado em mim, eu não menti deliberadamente nem fiz nada com coração falso. Concede que eu possa ser 'como aqueles favorecidos que estão ao teu redor, e eu possa ser um grande favorecido de Osíris do belo deus e bem-amado do Senhor do mundo, [I], o real escriba de Maat, que o ama, Ani, triunfante diante de Osíris."[111] Assim, nós chegamos ao final da cena da pesagem do coração.

---
* N. do T.: Espécie de cerveja escura e amarga.
111. Essa é uma classe dos seres mitológicos, ou semideuses, que já na V dinastia supostamente recebiam súplicas em nome do finado, e assistiam Hórus e Seth na execução de cerimônias fúnebres. Veja o meu *Papiro de Ani*, p. cxxv.

Ilustração 27 - Osíris sentado em julgamento, localizado no topo de um lance de nove degraus, nos quais ficam os nove deuses de seu Grupo. O porco no barco representa Seth. No canto à direita está Anúbis. De um sarcófago no Louvre.

O homem que passou a salvo por essa prova tem agora que encontrar os deuses do outro mundo, e o *Livro dos Mortos* dispõe as palavras que "o coração que é justo e sem pecado" lhe deverá dizer. Um dos textos mais completos e corretos do "discurso do finado quando ele sai com voz verdadeira do Tribunal das deusas de Maâti" é encontrado no Papiro de Nu; nele o finado diz:

"Homenagem a vós, Ó! agora deuses que habitam no Tribunal das deusas de Maâti, eu, até mesmo eu, vos conheço, e eu conheço vossos nomes. Não deixeis que eu caia sob vossas facas de matança, e não causeis agora minha crueldade ao deus em cuja comitiva agora estais; e não deixeis o mal vir para mim por seus meios. Ó! Declarai-me de voz verdadeira na presença de Neb-er-tcher, porque eu fiz aquilo que é justo e verdadeiro em Ta-mera (Egito). Eu não maldisse Deus, por esse motivo não deixeis que o mal venha para mim por meio do Rei que habita em seu dia. "Homenagem a vós, Ó! agora deuses, que habitais o Tribunal das deusas de Maâti, que não tendes o mal em vossos corações, e que viveis na justiça e na verdade, e que vos alimentais a vós mesmos da justiça e da verdade na presença do deus Hórus, que habita em seu divino Disco; libertai agora a mim do deus Baba[112], que alimenta com as vísceras dos fortes no dia da grande prova. Ó! Concedei agora que eu possa vir a vós, pois eu não cometi faltas, não pequei, não fiz mal, não dei falso testemunho; por esse motivo não deixais que nada [de mal] seja feito a mim. Eu vivo na justiça e verdade, e eu alimento na justiça e na verdade. Eu executei os mandamentos dos homens [assim como] as coisas com que são agradados os deuses; eu fiz Deus ficar em paz [por eu ter feito] aquilo que é sua vontade. Eu dei pão para o homem faminto, e água para o homem sedento, vestuário para os despidos, e um barco para o [náufrago]. Eu fiz oferendas sagradas aos deuses, e refeições sepulcrais para os mortos beatificados. Sejais agora, então, meus salvadores, sejais agora então meus protetores e não fazeis agora acusações contra mim na presença de [Osíris]. Eu estou limpo de boca e limpo de mãos; por isso deixais ser dito para mim pelos que me contemplarão: 'Venha em paz, venha em paz.' Eu ouvi a palavra forte que os corpos espirituais disseram para o Gato[113] na casa de Hapt-re. Eu testemunhei na presença de Hra-f-ha-f, e ele deu [sua] decisão. Eu vi as coisas sobre as quais a *Persea tree* espalhou dentro de Re-stau. Eu sou aquele que tem oferecido orações aos deuses e que conhece suas pessoas. Eu vim e

---

112. Ou "de voz verdadeira em respeito a Osíris"; como Ani faz sua súplica, e Osíris ouvirá e responderá porque ele proferiu as palavras corretas da maneira correta, e no correto tom de voz.
113. O filho primogênito de Osíris.

avancei para fazer a declaração de justiça e de verdade, e para pôr a Balança sobre o que a apoia na região de Aukert. "Salve! tu que és exaltado em teu pedestal (Osíris), tu senhor da coroa 'Atefu', cujo nome é proclamado como 'Senhor dos ventos', liberta-me de teus divinos mensageiros que fazem atos medonhos acontecerem, e que fazem calamidades tomar forma, e que estão sem disfarces em suas faces, pois eu fiz o que é justo e verdadeiro para o Deus da justiça e da verdade. Eu purifiquei a mim mesmo e a meu peito com libações, e minhas partes internas com as coisas que limpam, e minhas partes internas foram [imersas] no Lago da Justiça e da Verdade. Não há um só membro meu que precise de justiça e verdade. Eu fui purificado no Lago do Sul e repousei na cidade do Norte, que está no Campo dos Gafanhotos, onde os navegadores divinos de Rá se banham na segunda hora da noite e na terceira hora do dia; e os corações dos deuses são agradados depois que eles passaram por ele, se à noite, ou se de dia. E eu desejaria que eles dissessem para mim: 'Aparece', e 'Quem és tu?' e 'Qual é teu nome?' Essas são as palavras que os deuses diriam para mim. [Então eu iria responder] 'Meu nome é Ele que é provido com flores, e Morador na sua oliveira.' Então deixa-os dizer para mim sem demora: 'Passa', e eu passaria para a cidade para o norte da Oliveira. 'O que então haverá para ver lá? [dizem eles. E eu digo] 'A Perna e a Coxa.' 'O que tu dirias para elas?' [dizem eles.] 'Deixem-me ver regozijos na terra de Fenkhu' [eu respondo]. 'O que elas te darão?' [dizem eles]. 'Uma chama e uma barra de cristal' [eu respondo]. 'O que você fará lá?' [dizem eles]. 'Eu os enterrarei ao lado do rego de Mâat como Coisas para a noite' [eu respondo]. 'O que tu encontrarás no rego de Maâti?' [dizem eles]. 'Um cetro de pedra chamado Doador de Ar' [eu respondo]. 'O que tu farás com a chama e a barra de cristal depois que os tiveres enterrado?'[eles dizem].

'Eu recitarei palavras sobre eles no rego. Eu extinguirei o fogo e quebrarei a barra e farei um lago de água' [eu respondo]. Então deixa os deuses dizerem para mim: 'Vem e entra pela porta desse Tribunal das deusas de Maâti, pois tu nos conhece."

Depois dessas preces notáveis segue um diálogo entre cada parte do Tribunal de Maâti e o finado, que se lê como segue:

Ferrolhos da porta. "Nós não te deixaremos entrar por nós, a menos que tu nos digas nossos nomes."

Finado. " 'Língua do lugar da Justiça e da Verdade' é o vosso nome."

Coluna direita. "Eu não te deixarei entrar através de mim, a menos que tu me digas meu nome."

Finado. " 'Escala de Medida da Justiça e da Verdade' é o teu nome."

Coluna esquerda. "Eu não te deixarei entrar através de mim, a menos que tu me digas meu nome."

Finado. "'Escala de Vinho' é o teu nome."

Soleira. "Eu não te deixarei entrar através de mim, a menos que tu me digas meu nome."

Finado. "'Boi do deus Seb' é o teu nome."

Argola de cadeado. "Eu não abrirei para ti, a menos que tu me digas meu nome."

Finado. "'Osso da perna da mãe dele' é o teu nome."

Buraco de encaixe. "Eu não abrirei para ti, a menos que tu me digas meu nome."

Finado. "'Olho vivo de Sebek, o senhor de Bakhau,' é teu nome."

Carregador. "Eu não abrirei para ti, a menos que tu me digas meu nome."

Finado. "'Cotovelo do deus Shu quando ele o coloca ele mesmo para proteger Osíris' é o teu nome."

Colunas laterais. "Nós não te deixaremos entrar por nós, a menos que tu nos digas nossos nomes."

Finado. "'Crianças das deusas *uraei*' é o vosso nome."
"Tu nos conheces; passa, portanto, por nós" [dizem esses].
Chão. "Eu não deixarei que tu pises sobre mim, porque eu sou calmo e sagrado, e porque não sei os nomes de teus pés com os quais tu andarias sobre mim; portanto di-me-lo."
Finado. "'Viajante do deus Khas' é o nome do meu pé direito, e 'Auxiliar da deusa Hathor' é o nome do meu pé esquerdo."
"Tu me conheces; passa, logo, sobre mim" [ele disse].
Porteiro. "Eu não tomarei o teu nome a menos que tu digas meu nome."
Finado. "'O que distingue de corações e investigador dos reinos' é o teu nome."
Porteiro. "Quem é o deus que habita na honra dele? Pronuncia o nome dele."
Finado. "'Mâatu-Taui' é o nome dele."
Porteiro. "E quem é Mâatu-Taui?"
Finado. "Ele é Thoth."
Thoth. "Vem! Mas por que tu viestes?"
Finado. "Eu vim e solicito que meu nome possa ser mencionado."
Thoth. "Em que condição tu estás?"
Finado. "Eu estou purificado das coisas más, e eu estou protegido dos atos malignos daqueles que vivem em seus dias; e eu não sou deles."
Thoth. "Agora eu irei fazer menção a teu nome [para o deus]. E quem é ele cujo telhado é de fogo, cujas paredes são *uraei* vivo, e cujo chão da casa é um curso de água? Quem é ele, eu digo?"
Finado. "É Osíris."
Thoth. "Aparece (sai), então; realmente, a menção de teu nome será feita a ele. Teus doces [virão] do Olho de Rá; e teus ales [virão] do Olho de Rá; e suas refeições sepulcrais da terra [virão] do Olho de Rá."

Com essas palavras, o Capítulo CXXV chega ao fim. Nós vimos como o finado passou pela prova do julgamento e como os escribas lhe proveram com hinos e orações, e com as palavras de uma confissão com o intento de facilitar sua passagem pelo terrível Tribunal das deusas de Maâti.

Infelizmente, a resposta que o deus Osíris pode supostamente ter dado a seu filho Hórus a respeito do finado não está registrada, mas não há dúvidas de que os egípcios presumiram que lhe seria favorável, e que a permissão seria consentida a ele para entrar em cada e em toda porção do outro mundo, e tomar parte em todos os deleites de que os beatificados gozavam sob o governo de Rá e Osíris.

Capítulo V

A Ressurreição e a Imortalidade

Lendo com atenção a literatura dos egípcios antigos, uma das primeiras coisas que se impõem à mente do leitor é a frequência de alusões à vida futura ou a coisas que pertencem a ela. Os autores dos vários trabalhos religiosos e outros, pertencentes a todos os períodos da história egípcia, que têm chegado até nós, presumem de maneira tácita que aqueles que uma vez viveram neste mundo "renovaram" sua vida naquele que está além da sepultura, e que ainda vivem e viverão até que o tempo não mais exista. A crença egípcia na existência do Deus Onipotente é antiga, tão antiga que nós precisamos procurar seu início nos tempos pré-dinásticos; mas a crença em uma vida futura é muito mais antiga, e seu início deve ser pelo menos tão remoto quanto os mais antigos vestígios humanos encontrados no Egito. Tentar medir em anos o remoto período em que foram praticadas na Terra é inútil, pois é provável que nenhuma data que pudéssemos lhes dar estaria nem mesmo próxima da correta, e elas também podem datar de 12000 a.C. como de 8000 a.C. De um fato, contudo, nós podemos estar quase certos: que os mais antigos restos humanos encontrados no Egito carregam em si traços do uso do betume, o que prova que os egípcios no princípio de sua permanência no vale do Nilo fizeram algumas tentativas para preservar seus mortos por meio da mumificação[114]. Se eles fossem, como muitos pensam, invasores que fizeram seu caminho através da Arábia e do Mar Vermelho e do deserto ao leste do Nilo, poderiam ter trazido a ideia e o hábito de preservar seus mortos, ou, de outra forma, podem ter adotado alguma prática em uso entre os habitantes aborígenes que encontraram em sua chegada ao Egito; de qualquer forma, o fato de que eles tentaram preservar seus mortos utilizando substâncias que interromperiam a deterioração é correto, e sua tentativa foi bem sucedida até certo ponto.

    A existência de habitantes pré-históricos no Egito nos foi revelada em anos recentes por meio de várias escavações bem-sucedidas, feitas no Alto Egito em ambos os lados do Nilo, por diversos exploradores europeus e nativos, e um dos resultados mais admiráveis foi a descoberta de três diferentes tipos de enterros, que, sem dúvida, pertenceram a períodos distintos, como podemos ver examinando os vários objetos encontrados nas antigas sepulturas em Nakâdah e em outros sítios pré-históricos da mesma idade e tipo. Nas sepulturas mais antigas encontramos o esqueleto posto sobre seu lado esquerdo, com os membros curvados; os joelhos estão no mesmo nível do peito e as mãos são colocadas na frente da face. Geralmente a cabeça está voltada para o sul, mas nenhuma regra invariável parece ter sido observada como para sua "orientação". Antes que o corpo fosse posto no chão, ele era ou agasalhado com pele de gazela ou deitado sobre capim fofo; o material usado para o propósito de agasalhar provavelmente dependia da condição social do finado. Em enterros dessa classe não há traços de mumificação, ou de cremação, ou de separar a carne dos ossos. Nas sepulturas vizinhas mais antigas, os corpos encontrados foram total ou

---

114. Rá, como o assassino da serpente das profundezas, cuja cabeça ele corta fora com uma faca. A leitura usual é "que o Asno disse para o Gato"; o Asno sendo Osíris, e o Gato, Rá.

parcialmente despidos de sua carne; no primeiro caso, todos os ossos são encontrados depositados indiscriminadamente na sepultura, no último, os ossos das mãos e dos pés foram postos juntos, enquanto o resto do esqueleto está espalhado ao redor de forma desordenada. As sepulturas desse período foram encontradas orientadas ou para o norte ou para o sul, e os corpos usualmente têm a cabeça separada do corpo; algumas vezes fica claro que os corpos foram "juntados" de forma a ocupar menos espaço. Ocasionalmente, os corpos são encontrados dispostos de costas com suas pernas e braços dobrados sobre o tronco; nesse caso, eles são completamente fechados em caixas de argila. Em certas sepulturas fica claro que o corpo foi cremado. Em todas as classes de sepulturas que pertencem ao período do Egito pré-histórico encontramos oferendas em jarros e vasos de vários tipos, um fato que prova, sem dúvida, que os homens que fizeram essas sepulturas acreditavam que seus amigos ou parentes mortos viveriam novamente em algum lugar, de cujos paradeiros eles provavelmente tinham ideias muito vagas, em uma vida que provavelmente não era diferente daquela que eles haviam vivido na terra. Instrumentos de pedra, facas, lascas e coisas assim indicam que eles pensavam que iriam caçar e matar suas presas quando enterrados e lutar contra seus inimigos; e os objetos de xisto encontrados nas sepulturas, que M. de Morgan identifica como amuletos, mostram que mesmo naqueles antigos dias o homem acreditava que poderia ser protegido contra os poderes dos inimigos sobrenaturais e invisíveis com talismãs. O homem que iria caçar e lutar no próximo mundo deveria viver novamente e teria de ser ou em seu antigo corpo ou em um novo; se no antigo corpo, deveria ser ressuscitado. Mas uma vez tendo imaginado uma nova vida, provavelmente em um novo corpo, uma segunda morte não era concebida, os egípcios pré-históricos esperavam, dentro dos limites da possibilidade. Aqui, então, temos a origem das principais ideias da

RESSURREIÇÃO e da IMORTALIDADE. Há muitas razões para acreditar que o egípcio pré-histórico esperava comer, beber e levar uma vida de prazer na região onde imaginava ser o seu céu, e há pouca dúvida de que ele pensou que o corpo no qual iria viver lá não seria diferente que tinha enquanto ele estava na terra. Nesse estágio, suas ideias do sobrenatural e da vida futura seriam como as de qualquer homem da mesma raça que ficou no mesmo nível na escala da civilização, mas, de todo modo, deixe-nos dizer, que ele (o egípcio pré-histórico) diferia notavelmente do egípcio que vivia no tempo de Mena, o primeiro rei histórico do Egito, cuja data por conveniência é colocada em 4400 a.C. O intervalo entre o tempo em que os egípcios pré-históricos fizeram as sepulturas descritas acima, e o reino de Mena, deve ser muito grande, e, de forma imparcial, podemos acreditar que isso represente alguns milhares de anos; mas seja qual for sua duração, acreditamos que o tempo não foi suficiente para apagar as antigas concepções passadas de geração a geração, ou mesmo para modificar algumas das crenças que sabemos agora terem existido em um estado quase imutável no mais recente período da história egípcia. Nos textos editados pelos sacerdotes de Heliópolis encontramos referências a um estado ou condição das coisas, até questões sociais são mencionadas, o que poderia apenas existir em uma sociedade de homens que foram meio selvagens. E vemos nos trabalhos mais recentes, quando são feitos extratos dos textos mais antigos que contêm tais referências, que as passagens nas quais ocorrem alusões às quais pode-se ter objeção, são ou omitidas totalmente ou modificadas. Sabemos com certeza que o homem culto da congregação de Heliópolis não pode ter partilhado dos excessos de que os reis finados, para quem eles preparavam os textos fúnebres, supostamente gostavam, e a menção à abominação sem nome que os egípcios selvagens infligiam aos seus inimigos vencidos pode ter sido tolerada apenas para ficar neles (nos textos fúnebres) em função de sua própria reverência à palavra escrita. A propósito, deve ser mencionado que as ideias religiosas dos homens enterrados sem mutilação de membros, ou separação da carne do corpo, ou cremação, devem ter sido diferentes das dos homens que praticavam tais procedimentos com os mortos. Os primeiros são enterrados na posição fetal, e podemos justificar talvez vendo esse costume como símbolo de uma esperança, tal como a criança nasce para o mundo nessa posição assim o finado pode nascer para a vida no mundo além da sepultura; e a presença de amuletos, o objeto destinado a proteger o corpo, parece indicar que eles esperavam que o corpo atual se levantasse novamente. Os últimos, pela mutilação dos corpos e queima do morto, para mostrar que eles não tinham esperança de viver novamente em seus corpos naturais, e nós provavelmente nunca saberemos em que medida eles abordaram a concepção da ressurreição de um corpo espiritual. Quando chegamos à IV dinastia descobrimos que, até aqui, para qualquer prática de mutilação ou cremação do corpo ser comum, todo texto pressupõe que o corpo deve ser enterrado inteiro; esse fato indica inversão do costume de mutilação ou queima, que deve ter sido de praxe, contudo, por um tempo considerável. É a essa inversão que nós provavelmente devemos tais passagens como: "Ó! Carne de Pepi, não apodreça, não se decomponha, não cheire mal"; "Pepi vai adiante com sua carne"; "teus ossos não serão destruídos e tua carne não perecerá"[115], etc.; e elas indicam um retorno de concepções e modos do povo antigo no Egito conhecido para nós.

No intervalo que transcorreu entre o período dos enterros pré-históricos e a IV dinastia, o egípcio formulou certas teorias

---

115. Veja J. de Morgan, *Ethnographie Préhistorique (*Etinografia Pré-histórica*)*, Paris, 1897, p. 139.

sobre as partes que compõem seu próprio corpo, e precisamos considerar isso brevemente antes que possamos descrever como era esperado que os mortos se levantassem. O corpo físico de um homem era chamado KHAT, uma palavra que indica alguma coisa à qual a deterioração é inerente; era esse que era enterrado na sepultura depois da mumificação e sua preservação da destruição de todo tipo foi a finalidade de todos os amuletos, cerimônias mágicas, orações e fórmulas, desde os mais antigos até os mais recentes tempos. O deus Osíris possuía tal corpo, e seus vários membros foram preservados como relíquias em diversos santuários no Egito. Preso ao corpo em alguma forma notável estava o KA, ou "cópia", de um homem; ele pode ser definido como uma individualidade ou personalidade abstrata dotada de todos os seus atributos característicos, e possuía uma existência absolutamente independente. Ele era livre para mover-se de lugar a lugar da terra à vontade, e poderia entrar no céu e entabular conversa com os deuses. As oferendas feitas nas sepulturas em todos os períodos eram dedicadas à alimentação de KA, e supunha-se que ele fosse capaz de comer e beber, e de gozar o odor do incenso. Nos tempos mais antigos, uma certa porção da sepultura era colocada separada para o uso de KA, e as organizações religiosas do período mandavam que a classe de sacerdotes executasse cerimônias e recitasse orações nas estações estabelecidas para o benefício de KA na capela de KA; esses homens eram conhecidos como "sacerdotes de KA". No período em que as pirâmides foram construídas, acreditava-se firmemente que o finado, de alguma forma, podia ser purificado, e sentar-se e comer pão com ele "incessantemente e para sempre"; e o KA que não era suprido com alimento suficiente na forma de oferendas de pão, doces, flores, frutas, vinho, ale, e coisas afins, estava correndo sério perigo de inanição.

    A alma era chamada BA, e as ideias que os egípcios sustentavam no que concerne a ela são um tanto difíceis de conciliar; o significado da palavra parece ser alguma coisa como "sublime", "nobre", "forte". O BA habita no KA, e parece ter tido o poder de tornar-se corpóreo ou incorpóreo à vontade; tinha substância e forma, e é frequentemente descrito nos papiros e monumentos como um falcão com cabeça humana; na natureza e substância é estabelecido como etéreo. Ele tinha o poder de deixar a sepultura, e passou para o céu onde supostamente gozava de uma existência eterna em um estado de glória; ele podia, contudo, revisitar o corpo na sepultura, o que de fato fazia, e em alguns textos parece que ele podia reanimá-lo e entabular conversa com ele. Como o coração, AB, ele era, em alguns aspectos, o lugar de assento da vida no homem. As almas dos mortos abençoados habitavam no céu com os deuses, e tomavam parte em todos os deleites celestiais para sempre.

A inteligência espiritual, ou espírito, de um homem era chamada KHU, e parece ter tomado forma como uma figura brilhante, luminosa, intangível do corpo; as KHUs formavam uma classe de seres celestiais que viviam com os deuses, mas suas funções não são claras. A KHU, como o KA, podia ser encarcerada na sepultura e, para prevenir essa catástrofe, fórmulas especiais eram compostas e devidamente recitadas. Além da KHU, outra parte muito importante da entidade de um homem ia para o céu, a saber, o seu SEKHEM. A palavra literalmente significa "ter o domínio sobre alguma coisa", e, como usado nos textos antigos, aquele que permite que alguém tenha domínio sobre alguma coisa: "poder". O SEKHEM de um homem era, aparentemente, sua força vital ou força personificada, e os egípcios acreditavam que ele podia e fazia com que, sob certas condições, aquele que o possuía na Terra o seguisse para o céu. Outra parte de um homem era a KHAIBIT ou "sombra", que é frequentemente mencionada com relação à alma e, nos tempos recentes, pensava-se estar próxima a ela (a alma). Finalmente podemos mencionar o REN, ou "nome" de um homem, como uma das mais importantes partes constituintes. Os egípcios, em comum com todas as nações orientais, atribuíram a maior importância à preservação do nome, e pensava-se que qualquer pessoa que manchasse o nome de um homem também o teria destruído. Como o KA era a porção mais especial da identidade de um homem, e é fácil ver por que tanta importância ficou ligada a ele, um ser sem nome não podia ser apresentado aos deuses, e como não existe coisa criada sem um nome, o homem que não tinha nome estava em uma posição pior diante dos poderes divinos que os mais insignificantes objetos inanimados. Perpetuar o nome do pai era uma boa tarefa do filho, e manter as sepulturas dos mortos em bom estado, de forma que todos pudessem ler os nomes daqueles que foram enterrados, era um ato mais meritório. Por outro lado, se o finado conhecia os nomes dos seres divinos, amigos ou inimigos, e pudesse pronunciá-los, imediatamente obtinha poder sobre eles, e era capaz de fazê-los executar sua vontade.

 Nós vimos que a eternidade do homem era constituída de corpo, cópia, alma, coração, inteligência espiritual ou espírito, poder, sombra e nome; essas oito partes podem ser reduzidas a três deixando-se fora de consideração a cópia, o coração, o poder, a sombra e o nome, como representando crenças produzidas pelo egípcio quando ele estava lentamente subindo na escala da civilização, e como sendo o produto peculiar de sua raça; podemos então dizer que o homem era constituído de corpo, alma e espírito. Mas todos os três se levantavam, e viviam no mundo além da sepultura? Os textos egípcios respondem a essa questão definitivamente; a alma e o espírito dos justos passavam do corpo e viviam com os beatificados e os deuses no céu; mas o corpo físico não se levantava novamente, e se acreditava que nunca deixava a sepultura. Havia pessoas ignorantes no Egito que, sem dúvida, acreditavam na ressurreição do corpo corruptível, e que imaginavam que a nova vida seria, afinal, alguma coisa muito parecida com a continuação da que eles estavam vivendo neste mundo; mas o egípcio que seguia os ensinamentos de suas escrituras sagradas sabia que tais crenças não eram compatíveis com as concepções de seus sacerdotes e das pessoas cultas em geral. Já na V dinastia, em torno de 3400 a.c., é estabelecido definitivamente:

"A alma para o céu, o corpo para a terra"[116] e três mil anos mais tarde o autor egípcio declarou a mesma coisa, mas com diferentes palavras, quando escreveu[117]:

"O céu tem sua alma e a terra, seu corpo."

O egípcio esperava, entre outras coisas, que iria navegar através do céu no barco de Rá, mas ele sabia bem que não poderia fazer isso em seu corpo mortal; acreditava firmemente que viveria por milhões de anos, mas com sua experiência da raça humana anteriormente, ele sabia que isso também era impossível se o corpo no qual deveria viver fosse o mesmo no qual vivera sobre a terra. Primeiro ele pensou que seu corpo físico poderia ser, à maneira do sol, "renovado diariamente", e que sua nova vida se pareceria com a daquele emblema do Deus-Sol, Rá, com quem ele procurou identificar a si mesmo. Mais tarde, contudo, sua experiência lhe ensinou que o corpo mais bem mumificado era às vezes destruído, ou pela umidade ou pela seca, ou deteriorava de uma forma ou outra, e que a mumificação sozinha não era suficiente para assegurar a ressurreição ou a manutenção da vida futura; e, resumindo, ele descobriu que por meios não humanos aquilo que é corruptível pela natureza poderia ser convertido para tornar-se incorruptível, pois os próprios animais nos quais os deuses foram encarnados se tornaram doentes e morreram em seu momento propício. É difícil dizer por que os egípcios continuaram a mumificar os

---

116. Veja *Recueil de Travaux* (Coleção de Trabalhos), tom. V, pp. 55, 185 (linhas 169, 347, 853).
117. *Recueil de Travaux* (Coleção de Trabalhos), tom. iv, p. 71 (1.582).

mortos, visto que há razões para o entendimento de que eles não esperavam que o corpo físico se levantasse novamente. Pode ser que eles pensassem que sua preservação fosse necessária para o bem-estar do KA, ou "cópia", e para o desenvolvimento de um novo corpo a partir dele; também o costume contínuo pode ter sido o resultado do intenso conservadorismo. Mas, qualquer que seja a razão, o egípcio nunca deixou de tomar toda precaução possível para preservar o corpo do morto intacto, e ele procurou ajuda em sua inquietação em outra fonte.

Será lembrado que, quando Ísis encontrou o corpo morto de seu marido Osíris, ela imediatamente começou a trabalhar para protegê-lo. Ela afastou os inimigos e limpou a sujeira que havia sobre ele. Na intenção de realizar esse feito, "ela intensificou seu discurso com toda a força de sua boca, ela tinha um discurso perfeito e não se deteve em seu discurso", e pronunciou uma série de palavras ou fórmulas com as quais Thoth a havia provido; assim ela obteve sucesso em "estimular uma elevação à inatividade do Coração tranquilo", concretizando seu desejo quanto a ele. Seus lamentos inspirados pelo amor e pelo desgosto não teriam efeito no corpo do morto, a menos que tivessem sido acompanhados pelas palavras de Thoth, que foram pronunciadas com ousadia (*khu*), entendimento (*aqer*) e sem erros na pronúncia (*na-uh*). O egípcio de tempos antigos conservou esse fato em sua mente, e determinado a procurar a ressurreição de seus amigos e parentes pelos mesmos meios que Ísis, empregou as fórmulas de Thoth; com essa finalidade em vista, cada pessoa morta era provida com uma série de textos, ou escritos em seu caixão, ou nos papiros e amuletos, que teriam o mesmo efeito que as palavras de Thoth pronunciadas por Ísis. Mas os parentes do finado tinham também uma tarefa a executar quanto a isso, que era a de providenciar a recitação de certas orações, e para a execução de várias cerimônias simbólicas sobre o corpo do morto antes que ele fosse finalmente posto para descansar na sepultura. Um sacrifício tinha de ser oferecido, e o finado e seus amigos e parentes assistiam a isso, e cada cerimônia era acompanhada por orações apropriadas; quando todas haviam sido feitas e ditas de acordo com as ordens dos sacerdotes, o corpo era levado para o seu lugar na câmara da múmia. Mas as palavras de Thoth e as orações dos sacerdotes faziam com que o corpo se transformasse, tornando-se "SÂHU", ou incorruptível, corpo espiritual, que passava sem demora para fora da sepultura e seguia seu caminho para o céu, onde ele habitava com os deuses. Quando no *Livro dos Mortos* o finado diz: "Eu existo, eu existo; eu vivo, eu vivo, eu germino, eu germino"[118] e novamente: "Eu germino como as plantas"[119], ele não quer dizer que seu corpo físico está expressando o início de outro corpo como o antigo, mas um corpo espiritual que "não tem nem defeito nem, como Rá, sofrerá debilitação para sempre". No SÂHU passava a alma que havia vivido no corpo de um homem sobre a terra, e é como se o agora incorruptível corpo formasse o lugar de morada da alma no céu como o corpo físico havia sido sua residência terrestre. As razões pelas quais os egípcios continuaram mumificando seus mortos são assim aparentes; eles não faziam tal coisa acreditando que seus corpos físicos iriam levantar novamente, mas porque desejavam que o corpo espiritual "brotasse" ou "germinasse" deles, e se possível – pelo menos assim parece – que fosse na forma do corpo físico.

Dessa maneira, os mortos levantavam de acordo com os egípcios, e nesse corpo eles surgem. Do que foi dito anteriormente, será visto que não há razão para duvidar que a antiguidade da crença egípcia na ressurreição dos mortos e na imortalidade e a evidência geral derivada de ambas as considerações arqueológicas e religiosas sustentam essa concepção.

---

118. Horrack, *Lamentations d'Isis*, Paris, 1866, p. 6.
119. Veja o Capítulo CLIV.

Tão antigo, contudo, quanto essa crença de maneira geral é a crença específica em um corpo espiritual (SÂH ou SÂHU); pois nós encontramos isso nos textos da V dinastia incorporado com ideias que pertencem ao Egito pré-histórico em seu estado selvagem ou semisselvagem. Um extrato notável provará essa particularidade. Nos capítulos fúnebres que estão inscritos nas paredes das câmaras e passagens dentro da pirâmide do rei Unas, que prosperou no final da V dinastia, em torno de 3300 a.C., há uma passagem na qual o rei finado aterroriza todos os poderes do céu e da terra porque ele "se levanta como uma alma (BA) na forma do deus que vive à custa do pai e que tirava comida da sua mãe. Unas é o senhor da sabedoria e sua mãe não sabia seu nome. Ele tornou-se forte tal como o deus Temu, o pai que lhe deu origem; depois que Temu lhe deu origem, ele se tornou mais forte que o seu pai". O rei é comparado a um Touro, e ele alimenta todo deus, qualquer que possa ser a forma na qual ele aparece; "ele teve palavras pesadas com o deus cujo nome é secreto", e devorou homens e viveu à custa de deuses. Diz-se então que o rei morto sai para caçar os deuses em seus prados, e quando os captura com ciladas os mata. Eles são, em seguida, cozidos em caldeirões ferventes, o maior para a sua refeição matinal, o menor para a sua refeição noturna do entardecer, e o menos importante para a da meia-noite; os antigos deuses e deusas servem como combustível para os seus potes de mantimentos. Dessa maneira, tendo engolido poderes mágicos e espíritos dos deuses, ele se torna o Grande Poder dos Poderes entre os deuses, e o maior dos deuses que aparecem em formas visíveis.

O que quer que tenha encontrado no caminho ele consumiu, e sua força é maior que a de qualquer corpo espiritual (SÂHU) no horizonte;... ele é o primogênito de todos os primogênitos, e... arrancou os corações dos deuses. ... Ele comeu a sabedoria de todo deus, e seu período de existência é eterno, e sua vida durará por toda a eternidade, ... pois as almas e os espíritos dos deuses estão nele.

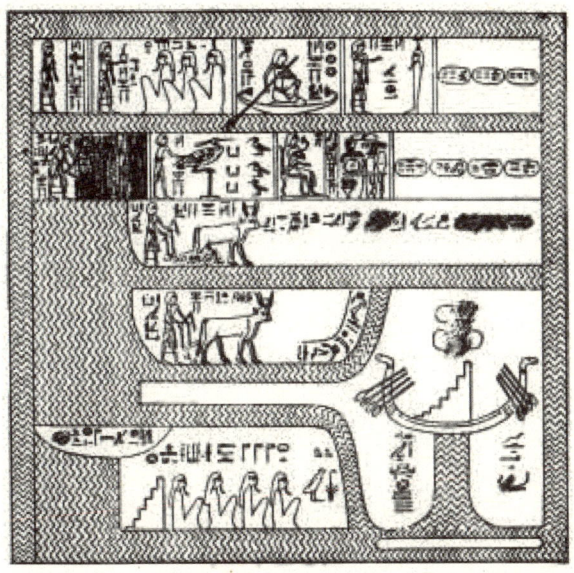

Ilustração 28 - Os Campos Elíseos dos egípcios de acordo com o Papiro de Nebseni (XVIII dinastia).

Nós temos, isso é claro, nessa passagem uma alusão a um costume de selvagens de todas as nações e períodos, de comer porções dos corpos de valorosos inimigos derrotados na guerra, na intenção de absorver suas virtudes e se fortalecer; o mesmo hábito tem também prevalecido em alguns lugares em relação aos animais. No caso do finado, isso é feito para cobiçar seu único atributo peculiar, quer dizer, a vida eterna; e quando ele absorveu suas almas e espíritos é declarado que obteve tudo o que o faz superior a todo outro corpo espiritual em força e duração da vida. Os "poderes mágicos" (*heka*), que o rei também supostamente "comeu", são as palavras e fórmulas, cuja pronúncia por ele, em quaisquer circunstâncias, em que se encontre, irá incitar todo ser, amigo ou inimigo, a fazer sua vontade. Mas à parte de qualquer questão de matança dos deuses, os egípcios declararam desse mesmo rei: "Contempla, tu não foste como um

Ilustração 29 - As "cópias" de Ani e sua esposa bebendo água no Outro Mundo.

Ilustração 30 - Ísis dando pão e água para a Alma do Coração.

morto, mas como um vivo, para sentar-se no trono de Osíris";[120] e em um papiro escrito aproximadamente dois mil anos mais tarde o próprio finado diz: "Minha alma é Deus, minha alma é eternidade"[121], uma prova clara de que as ideias da existência de

---

120. Veja o Capítulo lXXXVIII, 3.
121. *Recueil de Travaux* (Coleção de Trabalhos), tom V. p. 167 (l. 65).

Deus e da eternidade eram idênticas. Agora um outro exemplo é digno de ser citado, pelo menos para mostrar o cuidado que os autores de textos religiosos tomavam para incutir a imortalidade da alma em seus leitores. De acordo com o Capítulo CLXXV do *Livro dos Mortos*, o finado encontra a si mesmo em um lugar onde não há nem água, nem ar, e onde "é abismo insondável, está escuro como a mais escura noite e os homens vagam indefesos nesse lugar. Mas, diz o finado para o deus Thoth, "deixe o estado dos espíritos ser dado para mim em vez de água, e ar, e a satisfação dos desejos de amor, e deixe o silêncio do coração ser dado para mim em vez de doces e ale. O deus Temu decretou que eu verei tua face, e que eu não sofrerei com as coisas que te causaram dor; pode todo deus transmitir para ti [Ó! Osíris] seu trono por milhões de anos! Teu trono desceu para teu filho Hórus, e o deus Temu decretou que sua rota será entre os príncipes sagrados. Na verdade, será domínio sobre o teu trono, ele será herdeiro do trono do Habitante no Lago dos Dois Fogos. Na verdade foi decretado que em mim ele verá sua imagem[122], e que a minha face olhará a face do senhor Tem." Depois de recitar essas palavras, o finado pergunta a Thoth: "Quanto tempo eu tenho para viver?" e o deus responde: "Está decretado que tu viverás milhões de milhões de anos, uma vida de milhões de anos". Para dar ênfase e efeito adicional a suas palavras é feito com que o deus fale de forma tautológica de maneira que o homem mais iletrado não possa perder seu significado. Um pouco mais adiante no capítulo, o finado diz: "Ó! Meu pai Osíris, tu fizeste por mim aquilo que teu pai Rá fez por ti. Então eu tolerarei persistentemente, eu manterei as possessões de meu lugar; meu herdeiro será forte; minha sepultura e meus amigos que estão na terra prosperarão; meus inimigos serão entregues à destruição e aos grilhões da deusa Serq. Eu sou teu filho, e Rá

---

122. *Papiro de Ani*, Lâmina 28, 1. 15 (Capítulo lXXXIV).

é meu pai; para mim também tu executarás vida, força, saúde!" É interessante notar que o finado primeiro identifica Osíris com Rá, e depois ele identifica a si próprio com Osíris; assim, ele identifica a si próprio com Rá.

Com os temas da ressurreição e da imortalidade devem ser mencionadas as frequentes referências nos textos religiosos de todos os períodos ao alimento e bebida dos quais viveram os seres que se acreditava existirem no mundo além da sepultura. Nos dias pré-históricos era muito natural para os amigos dos homens mortos colocar comida em sua sepultura, porque pensavam que ele iria necessitar dela na jornada para o próximo mundo; esse costume também pressupunha que o finado teria um corpo como aquele deixado para trás nesse mundo, e que ele precisaria de comida e bebida. Na V dinastia, os egípcios acreditavam que os mortos abençoados viviam de alimento celestial, que eles não sofriam nem de fome nem de sede; comiam o que os deuses comiam, bebiam o que eles bebiam, eram o que eles eram e se tornavam em tais assuntos as cópias dos deuses. Em outra passagem lemos que eles são vestidos com linho branco, que usavam sandálias brancas, e que vão para o grande lago que está no meio do Campo da Paz onde os grandes deuses se sentam, e que os deuses lhes dão para comer do alimento (ou árvore) da vida da qual eles mesmos comem, pois também precisam viver. É certo, contudo, que outras concepções além dessas foram sustentadas no que concerne à comida dos mortos, pois já na V dinastia a existência de uma região chamada Sekhet-Aaru, ou Sekhet-Aanru foi formulada, e para esse lugar a alma do egípcio respeitoso, ou pelo menos alguma parte dela, esperava tomar o seu caminho. Onde Sekhet-Aaru estava situada, nós não temos meios de dizer, e os textos não nos oferecem pistas de seu paradeiro; alguns estudiosos pensam que fica distante do leste do Egito, mas é muito mais provável representar algum distrito da porção norte ou nordeste do Delta. Felizmente, temos uma pintura no Papiro de Nebseni[123], provavelmente o mais antigo papiro, e a partir dele podemos ver que Sekhet-Aaru, o "Campo de Junco", representou alguma região muito fértil onde a administração de lavouras poderia ser levada com facilidade e sucesso. Os canais e cursos de água abundam e em uma parte, nos é dito, os espíritos dos abençoados habitam; a pintura provavelmente representa um tradicional "Paraíso" ou "Campos Elíseos", e as características gerais dessa terra feliz são aquelas de uma propriedade rural grande e bem-mantida, situada a não grande distância do Nilo ou um de seus principais braços. No Papiro de Nebseni, as divisões da Sekhet-Aaru contêm o seguinte:

1. Nebseni, o escriba e artista do Templo de Ptah, com seus braços pendendo em seus lados, entrando nos Campos Elíseos.

2. Nebseni fazendo uma oferenda de incenso para o "grande grupo dos deuses".

3. Nebseni sentado no barco remando; acima do barco estão três símbolos para a "cidade".

4. Nebseni dirigindo-se à figura de uma múmia barbada.

5. Três Lagos ou Lagoas chamados Urti, Hetep e Qetqet.

6. Nebseni ceifando em Sekhet-hetepet.

7. Nebseni agarrando o pássaro Bennu, que está empoleirado em um arrimo; em frente estão três KAU e três KHU.

---

123. Eu serei como Hórus, o filho de Osíris.

8. Nebseni sentado e sentindo o perfume de uma flor; o texto diz: "Milhares de todas as coisas boas e puras para o KA de Nebseni".

9. Uma mesa de oferendas.

10. Quatro Lagoas ou Lagos chamados Nebt-taui, Uakha, Kha (?) e Hetep.

11. Nebseni lavrando com boi ao lado da corrente (d'água) que tem mil [medidas] de comprimento, e cuja largura não pode ser dita; nela não há peixe ou vermes.

12. Nebseni lavrando com boi em uma ilha "cujo comprimento é o comprimento do céu".

13. Uma divisão formada como uma tigela, na qual está inscrito: "O lugar de nascimento (?) do deus da cidade de Qenqentet Nebt".

14. Uma ilha onde estão quatro deuses e um lance de degraus; a legenda diz: "O grande grupo dos deuses que estão em Sekhet-hetep".

15. O barco Tchetetfet, com oito remos, quatro na proa e quatro na popa, flutuando para o final de um canal; nele há um lance de degraus. O lugar onde se encontra é chamado o "Domínio de Neth".

16. Dois lagos, cujos nomes são ilegíveis.

A cena como é apresentada no Papiro de Ani[124] dá algumas variantes interessantes e pode ser descrita assim:

1. Ani fazendo uma oferenda diante do deus com cabeça de lebre, um com cabeça de serpente e outro com

---

124. Museu Britânico, nº 9.900; esse documento pertence à XVIII dinastia.

A Ressurreição e a Imortalidade 155

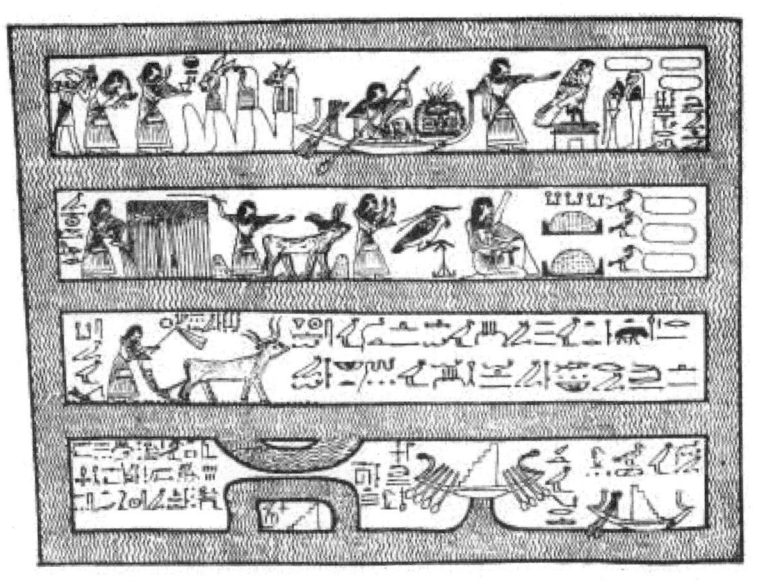

Ilustração 31 - Os Campos Elíseos dos egípcios de acordo com o Papiro de Ani (XVIII dinastia).

Ilustração 32 - Osíris sentado em seu santuário em Abidos. Atrás dele estão as deusas Ísis, Amentet e Hathor. Mariette, Abidos, Vol. I, Lâmina 17.

cabeça de touro; atrás dele está sua esposa Thuthu e Thoth segurando seu junco e paleta. Ani remando em um barco. Ani dirigindo-se a um falcão, diante do qual há uma mesa de oferendas, uma estátua, três formas ovais e a legenda, "Estando em paz no Campo e tendo ar para as narinas".

2. Ani ceifando milho, Ani dirigindo o boi que pisa o milho; Ani dirigindo-se (ou adorando) ao pássaro Bennu empoleirado em um arrimo; Ani sentado segurando o cetro de kherp; a pilha de milho vermelho e outra de milho branco; três KAU e três KHU, que talvez deva ser entendido como: "a comida dos espíritos"; e três Lagos.

3. Ani arando um campo perto de uma corrente (d'água) que não contém nem peixe nem serpente nem vermes de qualquer tipo.

4. O lugar de nascimento do "deus da cidade"; uma ilha na qual há um lance de degraus; uma região chamada de um "lugar dos espíritos" que tem sete cubits* de altura, e onde os SÂHU, ou corpos espirituais, o ceifam; a região Ashet, o deus que habita nesse lugar sendo Un-nefer (uma forma de Osíris); um barco com oito remos, disposto no final de um canal; e um barco flutuando em um canal. O nome do primeiro barco é Behutu-tcheser; e o do segundo, Tchefau.

Até aqui nós vimos que no céu e no mundo, além da sepultura, o finado havia encontrado apenas seres divinos e as cópias, as almas, os espíritos e os corpos espirituais dos abençoados;

---

* N.doT.: Cubit é uma unidade de medida que equivale a cerca de 50 cm.

mas não foram feitas referências à possibilidade de os mortos reconhecerem a si próprios ou serem capazes de continuar as amizades e relações que tinham quando estavam na terra. Na Sekhet-Aaru o caso é, contudo, diferente, já que temos razões para acreditar que lá os relacionamentos foram reconhecidos e comemorados. Assim, no Capítulo LII do *Livro dos Mortos*, que foi composto com a ideia dos finados, da falta de comida digna no outro mundo, sendo obrigados a comer sujeira[125], e com a função de prevenir essa horrível coisa, o finado diz: "O que é uma abominação para mim, o que é uma abominação para mim, é sujeira; não me deixe ser obrigado a comer disso no lugar dos doces sepulcrais que são oferecidos para o KAU ("cópias"). Não deixe isso tocar meu corpo, não deixe que me obriguem a segurar isso em minhas mãos; e não me deixe ser constrangido a pisar ali com minhas sandálias".

Algum ser ou seres, provavelmente os deuses, então lhe perguntam: "De que vais viver agora na presença dos deuses?" E ele responde: "Permitam que a comida venha a mim do lugar da comida, e permitam-me viver com os sete pães que serão trazidos como comida diante de Hórus, e com o pão que será trazido diante de Thoth. E quando os deuses disserem para mim: 'Que tipo de comida terias dado a ti?' Eu responderei: "Permita-me comer a minha comida sob uma árvore de sicômoro de minha dama, a deusa Hathor, e permita-me que meus tempos estejam entre os seres divinos que iluminaram aquele lugar. Permita-me ter o poder de dar ordens em meus próprios campos em Tattu (Busiris) e em minhas próprias colheitas que crescem em Annu. Permita-me viver do pão feito de grão branco que a minha cerveja seja feita do grão vermelho e já que as pessoas de meu pai e de minha mãe me sejam dado como guardiãs de minha porta, e para darem ordens em minha propriedade. Permita

---

125. Museu Britânico, nº 10.470, Lâmina 35.

que eu seja ouvido e forte, e permita-me ter muito espaço para me mover, e permita-me ser capaz de me assentar em qualquer lugar que me agrade".

Esse capítulo é mais importante, pois mostra que o finado desejava ter sua propriedade e seus campos situados em Tattu, isto é, perto da capital de Busirite ou IX nome do Baixo Egito, um distrito não longe da cidade de Smennûd (Sebennytus) e ficando um pouco ao sul do 31º. paralelo de latitude. Foi aqui que a reconstituição do corpo desmembrado de Osíris teve lugar, e foi aqui que a cerimônia solene de fixação da espinha dorsal de Osíris foi executada a cada ano. O original Sekhet-Aaru estava evidentemente colocado ali e nós estamos, portanto, certos em pressupor que os campos férteis dessa parte do Delta formaram o protótipo dos Campos Elíseos do Egito. Ao mesmo tempo ele desejou ceifar colheitas nos campos ao redor de Heliópolis, para assentamento do grande e mais antigo santuário do Deus-Sol. O grão branco do qual ele iria fazer seu pão é o comum *dhura*, e o grão vermelho é a espécie vermelha da mesma planta, que não é tão comum quanto a branca. Como guardadores da porta de sua propriedade, o finado pergunta pelas "formas (ou pessoas) de seu pai e de sua mãe", e assim vemos um desejo da parte do egípcio de continuar a vida familiar que começou na terra; nem é necessário dizer que ele não perguntaria sobre isso se pensasse que não haveria perspectiva de saber de seus parentes no próximo mundo. Uma prova interessante disso é proporcionada pela pintura de Sekhet-Aaru, ou Campos Elíseos, que é dada no Papiro de Anhai[126] uma sacerdotisa de Amen que viveu provavelmente em torno de 1000 a.C. Aqui nós vemos o finado entrando na mais alta seção do distrito e dirigindo-se a duas pessoas divinas; acima de um deles estão escritas as palavras "sua mãe", seguidas pelo nome Neferitu. A forma que

---

126. Museu Britânico, nº 10.472.

vem em seguida é provavelmente aquela de seu pai, e assim temos certeza de que os egípcios acreditavam que encontrariam seus parentes no próximo mundo e os reconheceriam e seriam reconhecidos por eles. Acompanhando a pintura dos Campos Elíseos está um longo texto que forma o Capítulo CX do *Livro dos Mortos*. Como ele fornece grande parte de informação concernente às concepções sustentadas nos tempos antigos sobre aquela região, e lança tanta luz sobre a vida semimaterial que os egípcios submissos, no período de sua história, esperavam levar, uma tradução é dada aqui. É intitulado: "Os capítulos de Sekhet-Hetepet", e "O capítulo para o surgimento durante o dia; de entrar e sair do outro mundo; de vir para Sekhet-Aaru; de estar em Skehet-Hetepet, a terra forte, a dama dos ventos; de ter poder ali; de me tornar um espírito (KHU); de ceifar ali; de comer ali; de beber ali, de fazer amor ali; e de fazer todas as mesmas coisas que um homem faz na terra." O finado diz: "Seth sequestrou Hórus, que me olhava com os dois olhos no edifício em torno de Sekhet-hetep, mas eu libertei Hórus e o tomei de Seth, e Seth abriu o caminho dos dois olhos que estão no céu. Seth lançou sua umidade aos ventos sobre a alma que tem seu dia, e que habita na cidade de Mert, e ele libertou o interior do corpo de Hórus dos deuses de Akert.

"Contemple-me agora, pois eu faço esse barco forte viajar pelo Lago de Hetep, e eu o levei com a força do palácio de Shu; o domínio de suas estrelas faz crescer jovem e renovar a força que ele tinha de tempos antigos. Eu trouxe o barco para os lagos dali, de tal forma que posso surgir nas suas cidades, e naveguei em sua divina cidade Hetep. E contemple, isso é porque eu, até mesmo eu, estou em paz com suas estações, e com suas direções, e com seu território, e com o grupo dos deuses que são seus primogênitos. Ele fez Hórus e Seth ficarem em paz com os que assistem os vivos a quem ele criou de forma justa, e trouxe paz; ele fez Hórus e Seth ficarem em paz com os que os assistem.

Ilustração 33 - Os Campos Elíseos de acordo com o Papiro de Anhai (XXII dinastia).

Ele cortou o cabelo de Hórus e Seth, e afastou a tempestade dos desamparados, e manteve os males distantes dos espíritos (KHU). Permita-me ter domínio naquele campo, pois eu sei, e eu naveguei entre esses lagos de forma que eu posso vir para as cidades. Minha boca está firme[127] e estou preparado para resistir aos espíritos (KHU); portanto, eles não terão domínio

---

127. Museu Britânico, nº 10.472.

Ilustração 34 - O finado saindo para o Outro Mundo.

Ilustração 35 - O finado construindo uma casa no Outro Mundo.

sobre mim. Permita-me ser recompensado por teus campos, Ó! Tu deus Hetep; mas aquilo que é de tua vontade, Ó! Tu senhor dos ventos. Possa eu me tornar um espírito naquele lugar, possa eu comer naquele lugar, possa eu beber naquele lugar, possa eu arar naquele lugar, possa eu ceifar naquele lugar, possa eu lutar naquele lugar, possa eu fazer amor naquele lugar, possam minhas palavras ser fortes naquele lugar; possa eu nunca estar em estado de servidão naquele lugar; mas possa eu ter autoridade naquele lugar. Tu fizeste a minha boca forte (ou porta) e a garganta (?) de Hetep; Qeter-bu é seu nome. Ele está instituído nos

Ilustração 36 - A pesagem do coração na presença de Rá. Thoth aparece na forma de um macaco e Anúbis, na forma de um ser com cabeça de animal, que arrasta o finado para a Balança e segura uma faca em sua mão. Do Papiro de Mah.

pilares[128] de Shu, e está unido às coisas agradáveis de Rá. Ele é o divisor dos anos, ele está escondido da boca, sua boca está silenciosa, o que ele pronunciou é secreto, ele preencheu a eternidade e tem possessão da existência eterna como Hetep, o senhor Hetep.

"O deus Hórus faz a si mesmo forte como o Falcão que tem mil *cubits* de comprimento, e dois mil *cubits* de largura na vida; tem equipamentos com ele, e viaja e chega onde o seu trono do coração desejar estar, nos Lagos de Hetep e nas suas cidades. Ele foi gerado no quarto de nascimento do deus da cidade, as oferendas do deus da cidade lhe são oferecidas, ele executa o que encontra para realizar naquele lugar e origina a união daí, e faz tudo o que pertence ao quarto de nascimento da divina cidade. Quando ele começa a vida, como cristal, executa tudo naquele lugar, e as coisas que ele faz são como as coisas feitas no Lago do Fogo Duplicado, onde não há ninguém que se alegre e onde estão todas as formas de coisas ruins. O deus Hetep entra, e sai, e vai para trás naquele Campo que reuniu todo tipo de coisas para o quarto de nascimento do deus da cidade. Quando ele começou a vida, como cristal, executou todo tipo de coisas naquele lugar que são como as coisas feitas no Lago do Fogo Duplicado, onde não há ninguém que se alegre e onde estão todas as formas de coisas más.

"Permita-me viver com o deus Hetep, vestido e não pinhado pelos senhores do norte, e permita que o senhor das coisas divinas traga alimento para mim. Permita-o fazer com que eu apareça, e permita e mostrar-me, e permita-o trazer o meu poder para mim; permita-me recebê-lo e permita que meu equipamento seja do deus Hetep. Permita-me ganhar o domínio sobre a grande e forte palavra que está em meu corpo, onde quer que eu esteja, pois por meio dela eu me lembrarei e esquecerei. Permita-me

---

128. Eu sei como pronunciar as palavras de poder que eu possuo com vigor.

partir em meu caminho e permita-me arar. Eu estou em paz com o deus da cidade, e eu conheço as águas, as cidades, os *nomes* e os lagos que estão em Sekhet-Hetep. Eu existo naquele lugar, eu sou forte naquele lugar, eu me tornei um espírito (KHU) naquele lugar, eu como naquele lugar, eu planto as sementes naquele lugar, eu ceifo a colheita naquele lugar, eu aro naquele lugar, eu faço amor naquele lugar e eu estou em paz com o deus Hetep naquele lugar. Contemple-me espalhar semente naquele lugar, eu navego nas imediações entre seus lagos e eu avanço para as cidades daquele lugar, Ó! Divino Hetep. Contemple, minha boca é suprida com meus [dentes que são como] chifres; conceda a mim por esse motivo um excessivo fornecimento de alimento onde os 'Cópias' (KAU) e os Espíritos (KHU) vivem. Eu fui aprovado no julgamento que Shu legou sobre ele que o conhecia, por esse motivo deixe-me partir para as cidades de Hetep, e deixe-me navegar nas imediações entre seus lagos e deixe-me andar nas imediações em Sekhet-Hetep. Contemple Rá, ele está no céu, e contemple o deus Hetep, que é a oferenda duplicada daí. Eu apareci para a terra [de Hetep], eu preparei as minhas costas para aparecer de forma que os presentes que estão prestes a ser dados para mim podem ser dados, e eu estou feliz, e eu permaneci sustentado em minha força que o deus Hetep aumentou grandemente para mim".

"Ó! Unen-em-hetep[129]. Eu entrei em ti e minha alma me segue depois de mim, e meu alimento divino está em minhas mãos. Ó! Dama das duas terras[130], que estabeleceu minha palavra por lá, eu me lembro e me esqueço, deixa-me viver sem mágoas, e sem nenhuma injúria sendo feita para mim. Ó! Concede a mim, Ó! Concede a mim alegria de coração; tu me fazes estar em paz, tu amarras meus tendões e músculos, e fazes-me receber o ar."

---

129. Os quatro pilares, um colocado em cada ponto cardeal que eu possuo com vigor.
130. O nome da primeira grande seção de Sekhet-Aaru.

"Ó! Unen-em-hetep, Ó! Senhora dos Ventos, eu entrei em ti, e eu mostrei[131] minha cabeça nesse lugar. Rá dorme, mas eu estou acordado, e lá está a deusa Hast no portão do céu à noite. Obstáculos foram colocados diante de mim, mas eu colhi sem parar o que Rá pronunciou. Eu estou em minha cidade."

"Ó! Nut-urt[132] eu entrei em ti e avaliei minha colheita, e eu saio para Uakh[133]. Eu sou o Touro envolvido em turquesa, o senhor do Campo do Touro, o senhor do discurso divino da deusa Septet (Sothis) em suas horas. Ó! Uakh, eu entrei em ti, eu comi meu pão, eu tive o domínio sobre os pedaços selecionados da carne de boi e da ave emplumada, e pássaros de Shu foram dados para mim; eu sigo depois dos deuses e das divinas 'Cópias' (KAU)."

"Ó! Tchefet[134], eu entrei em ti. Eu me visto a mim mesmo com roupas, e eu guardei a mim mesmo com a peça de roupa *Sa* de Rá; agora contempla, ele está no céu, e aqueles que habitam nesse lugar o seguem, e eu também sigo Rá no céu. Ó! Unen-em-hetep, senhor das duas terras, eu entrei em ti, e mergulhei nos lagos de Tchesert; contempla a mim agora, pois toda a sujeira tem partido de mim. O Grande Deus se criou nesse lugar, e contempla, eu encontrei [alimento nesse lugar]; eu prendi em armadilha a ave emplumada e eu me alimento dos melhores deles."

"Ó! Qenqentet[135], eu entrei em ti e vi o Osíris [meu pai], e olhei fixamente para minha mãe, e eu fiz amor. Eu capturei os vermes e serpentes [que estão lá] e libertei a mim mesmo. Eu sei o nome do deus que é oposto à deusa Tchesert, que endireitou o cabelo e é provida de chifres; ele ceifa, mas eu aro e ceifo."

---

131. Um lago na segunda seção de Sekhet-Aaru.
132. Literalmente, "aberto".
133. O nome de um lago na primeira seção de Sekhet-Aaru.
134. O nome de um lago na segunda seção de Sekhet-Aaru.
135. O nome de um distrito na terceira seção de Sekhet-Aaru.

"Ó! Hast[136], eu entrei em ti, e dirigi de volta aqueles que viriam para o [céu] turquesa; e eu segui os ventos do grupo dos deuses. O Grande Deus deu meu coração para mim, e ele, que amarrou em mim a minha cabeça, é o Forte com os olhos de turquesa, o que quer dizer, Ari-en-ab-f (Ele que faz como lhe apraz)."

"Ó! Usert[137], eu vim a ti na casa onde o divino alimento é trazido para mim."

"Ó! Smam[138], eu vim a ti. Meu coração assiste, e eu provejo com a coroa branca. Eu sou guiado para as regiões celestiais, e eu faço as coisas da terra florescerem; e há alegria de coração para o Touro, e para os seres celestiais, e para o grupo dos deuses. Eu sou o deus que é o Touro, o senhor dos deuses quando ele parte do [céu] turquesa."

"Ó! Divino nome de trigo e cevada, eu vim a ti, eu saí de ti e tomei aquele que me segue, a saber, o melhor das libações do grupo dos deuses. Eu amarrei meu barco nos lagos celestiais, eu levantei o poste ao qual ancorar, eu recitei e recomendei palavras com minha voz e eu atribuí louvores aos deuses que habitam em Sekhet-hetep."

Outras alegrias, contudo, além daquelas descritas acima, aguardavam o homem que passou satisfatoriamente pelo julgamento e fez seu caminho para o reino dos deuses. Pois, em resposta a uma longa ladainha no Papiro de Ani, que foi apresentado anteriormente (Veja na página 32), o deus Rá promete para o finado o seguinte: "Tu sairás para o céu, tu passarás através do céu, tu serás acrescentado às divindades estelares. Alegrias serão oferecidas para ti em teu barco, e cantarão a ti no barco de Âtet, tu contemplarás Rá em seu santuário, tu te juntarás com seu Disco dia a dia, tu verás o peixe ANT[139] quando ele surgir

---

136. O nome de um lago na primeira seção de Sekhet-Aaru.
137. O nome de um lago na terceira seção de Sekhet-Aaru.
138. O nome de um lago na terceira seção de Sekhet-Aaru.
139. O nome de um lago na terceira seção de Sekhet-Aaru.

à existência nas águas de turquesa, e tu verás o peixe ABTU[140] em sua hora. Ele virá para transmitir que O Mal cairá quando ele preparar uma armadilha para destruí-lo, e as juntas de seu pescoço e de suas costas devem ser cortadas em pedaços. Rá [navega] com um vento cheio, e o barco de Sektet aproxima-se e vem para o porto. Os navegadores de Rá se alegram, e o coração de Nebt-ankh (Ísis) está feliz, pois o inimigo de Rá caiu no chão. Tu deves contemplar Hórus no posto do piloto do barco, e Thoth e Maat devem ficar um em cada lado. Todos os deuses devem se alegrar quando contemplam Rá vindo em paz para fazer os corações dos ilustres viverem, e o Ani de Osíris, triunfante, o escriba do nascimento divino dos deuses de Tebas estará junto com eles."

Mas não contente em navegar no barco de Rá diariamente como um dos muitos seres beatificados, o finado esperava transformar cada um de seus membros em um deus, e quando isso estivesse concluído, tornar-se a si mesmo Rá. Assim, no Capítulo XLII do *Livro dos Mortos*[141] o finado diz:

"Meu cabelo é o cabelo de Nu.
Minha face é a face do Disco.
Meus olhos são os olhos de Hathor.
Meus ouvidos são os ouvidos de Ap-uat.
Meu nariz é o nariz de Khenti-Khas.
Meus lábios são os lábios de Anpu.
Meus dentes são os dentes de Serqet.
Meu pescoço é o pescoço da divina deusa Ísis.
Minhas mãos são as mãos de Ba-neb-Tattu.
Meus antebraços são os antebraços de Neith, a Dama de Saïs.
Minha coluna vertebral é a coluna vertebral de Suti.
Meu falo é o falo de Osíris.

---
140. O nome de um peixe mitológico que nadou na proa do navio de Rá.
141. Veja *O capítulo para o surgimento durante o dia*, p. 93.

Meus rins são os rins dos Senhores de Kher-âba.
Meu peito é o peito de um Forte de terror.
Minha barriga e costas são a barriga e costas de Sekhet.
Minhas nádegas são as nádegas do Olho de Hórus.
Meus quadris e pernas são os quadris e pernas de Nut.
Meus pés são os pés de Ptah.
Meus dedos e os ossos de minhas pernas são os dedos e os ossos das pernas dos Deuses Vivos."[142]

E imediatamente depois disso o finado diz:

"Não há membro do meu corpo que não seja membro de um deus. O deus Thoth protegeu o meu corpo totalmente, eu sou Rá dia a dia".

Assim nós vemos por quais meios os egípcios acreditavam que o homem mortal poderia ser levantado da morte, e atingir a vida eterna. A ressurreição era o assunto para o qual toda oração era dita e toda cerimônia executada, e todo texto, e todo amuleto, e toda fórmula, de cada e todo período, eram diligenciados para habilitar o mortal para vestir a imortalidade e viver eternamente em um corpo transformado e glorificado. Se esse fato subsistir na memória, muitas dificuldades aparentes desaparecerão diante dos leitores, nessa cuidadosa leitura dos textos egípcios, e a religião dos egípcios será vista como possuindo uma consistência de objetivo e uma firmeza de princípios, que, para alguns, a princípio parece faltar.

---

142. A ideia da deificação dos membros humanos era corrente já na VI dinastia. Veja *Recueil de Travaux* (Coleção de Trabalhos), tom. viii, pp. 87, 88.

MADRAS® Editora

Para mais informações sobre a Madras Editora,
sua história no mercado editorial
e seu catálogo de títulos publicados:

Entre e cadastre-se no site:

www.madras.com.br

Para mensagens, parcerias, sugestões e dúvidas, mande-nos um e-mail:

marketing@madras.com.br

SAIBA MAIS

Saiba mais sobre nossos lançamentos,
autores e eventos seguindo-nos no facebook e twitter:

@madrased

/madraseditora